ÉTIQUETTE

DU

PALAIS IMPÉRIAL.

ÉTIQUETTE

DU

PALAIS IMPÉRIAL.

A PARIS,

DE L'IMPRIMERIE IMPÉRIALE.

1808.

ÉTIQUETTE
DU PALAIS IMPÉRIAL.

TITRE PREMIER.

Fonctions et Attributions des grands Officiers de la Couronne, et des Officiers et autres Employés dans leurs services.

CHAPITRE I.ᵉʳ

Fonctions et Attributions du grand Aumônier, et des Officiers et autres Employés de son service.

ARTICLE I.ᵉʳ

LA grande Aumônerie est composée des chapelles

De l'Empereur,

De l'Impératrice,
Des Princes.

2. M. le Prince impérial a pour aumônier et pour chapelains ceux de la chapelle de S. M. l'Empereur.

3. La chapelle de l'Empereur est desservie par

Le grand Aumônier,
Un Vicaire général,
Le premier Aumônier,
Des Aumôniers ordinaires,
Des Chapelains,
Un Maître des cérémonies,
Des. Clercs,
Un Sacristain, qui a sous lui un Sommier, un Bedeau, un Valet-de-pied.

Il y a aussi un Secrétaire de la grande Aumônerie.

4. Le grand Aumônier et les Aumôniers prêtent serment entre les mains de S. M. l'Empereur.

5. Il est l'Évêque de la Cour par-tout où elle se trouve.

6. Il a la surintendance de tout ce qui concerne le service divin.

7. Il administre les sacremens à l'Empereur et aux enfans de la Famille impériale ; il les baptise et les marie en présence de l'Empereur.

8. Il baptise les enfans dont l'Empereur est parrain.

9. Il donne à l'Empereur et à sa Cour la dispense de l'abstinence.

10. Il accompagne l'Empereur aux offices de l'Église, et présente à S. M. son livre d'heures.

11. A certaines fêtes de l'année, il présente à S. M. le livre des Évangiles et la paix à baiser.

12. Il assiste aux prières de l'Empereur et aux festins impériaux pour la bénédiction et les grâces.

13. Il peut se trouver au coucher et au lever de l'Empereur.

14. Il prend les ordres de S. M. pour l'office divin, et les transmet au Maître des cérémonies de la chapelle.

15. Il règle la dépense de la chapelle sur les fonds à ce destinés.

16. Il nomme les prédicateurs de la Cour impériale.

17. Il présente à la nomination de S. M. les Officiers de sa chapelle et des maisons impériales, ainsi que les Aumôniers des Pages; et il reçoit leurs sermens.

18. Il délivre les prisonniers que S. M. fait mettre en liberté à certains jours solennels; et, à cet effet, il se fait assister par des Conseillers d'état de la section de législation, qui examinent les procès et indiquent les crimes rémissibles.

19. Il présente au serment de fidélité qu'ils doivent à l'Empereur, les Cardinaux, Archevêques et Évêques.

20. En l'absence du Ministre des cultes, il les présente à l'Empereur.

21. Il nomme les Aumôniers de l'armée de terre et de mer, des Invalides et de toute autre maison militaire, et règle tout ce qui concerne le service et le culte dans ces établissemens et aux armées.

22. Il a le droit de surveillance, pour le spirituel, dans toutes les prisons de l'État.

Du Vicaire général.

23. Il préside, sous le grand Aumônier, aux détails des attributions de la grande Aumônerie.

24. Il fait les fonctions de Prêtre

assistant dans les grandes solennités.

25. Il expédie aux Ecclésiastiques attachés à la grande Aumônerie les certificats de service.

Du premier Aumônier.

26. Lorsque la charge de grand Aumônier est vacante, le premier Aumônier jouit de toutes les prérogatives réservées au grand Aumônier.

27. Dans tout autre cas d'absence ou d'empêchement, le premier Aumônier ne remplit les fonctions du grand Aumônier que pour ce qui regarde le service intérieur de la chapelle et à la suite de la Cour.

Des Aumôniers ordinaires.

28. Ils remplissent les fonctions du grand et du premier Aumônier,

en leur absence, pour le service de la chapelle.

29. L'Aumônier de jour doit se trouver à toutes les prières de l'Empereur, au grand couvert, et à tous les offices auxquels assiste S. M.

30. Ils assistent aux offices les jours de grande solennité.

31. Ils servent à l'autel, en qualité de diacre et de sous-diacre, le grand ou le premier Aumônier.

32. Ils célèbrent, les dimanches et jours de fêtes, la messe à laquelle assiste S. M.

Des Chapelains.

33. Ils font les fonctions des Aumôniers ordinaires en leur absence.

34. Ils célèbrent tous les jours leurs messes dans la chapelle de

S. M., aux heures indiquées par le réglement intérieur de la chapelle, et par l'ordre du jour donné par le grand Aumônier.

35. Ils assistent à tous les offices de la chapelle, et servent à l'autel les Aumôniers ordinaires, ou celui d'entre eux qui les remplace.

36. Ils partagent le service des bureaux de la grande aumônerie sous les ordres de M. le Vicaire général.

Du Maître des Cérémonies.

37. Il va prendre les ordres du grand Aumônier, ou de celui qui le remplace, pour l'heure et l'ordre des offices ; et il en prévient les Princes, les grands Dignitaires, les grands Officiers du palais, les Ministres et grands Officiers de l'Empire.

38.

38. Il exerce ses fonctions à tous les offices.

39. Il célèbre la messe dans la chapelle, en se conformant au réglement intérieur.

Il inspecte les préparatifs faits par le Sacristain ; il lui donne les ordres pour la disposition intérieure de la chapelle.

40. Il exerce les Officiers de la chapelle aux cérémonies religieuses.

41. Il est le supérieur des Clercs de la chapelle.

42. Il partage le service des bureaux de la grande Aumônerie avec MM. les Chapelains.

Des Clercs de la Chapelle.

43. Ils doivent être dans les ordres sacrés.

44. Ils servent les messes basses ;.

ils assistent à tous les offices ; ils reçoivent les ordres du Maître des cérémonies.

45. Ils servent dans les bureaux de la grande Aumônerie, lorsqu'ils en sont requis par M. le Vicaire général.

46. Les Clercs sont choisis annuellement par le grand Aumônier, dans les séminaires métropolitains, parmi les Ecclésiastiques dans les ordres sacrés, qui se seront le plus distingués par leurs talens et leurs vertus. Ils sont logés au séminaire de Paris, et en suivent les réglemens.

Du Sacristain, du Sommier, &c.

47. Le Sacristain sera prêtre. Il a la garde des vases sacrés, ornemens, linges, et de tout ce qui regarde la chapelle.

48. Il dit la première messe les dimanches et fêtes, pour les gens de service de la Cour.

49. Il est chargé de la sacristie et des préparatifs pour le service divin , dans la chapelle , d'après l'ordre qu'il reçoit du Maître des cérémonies.

50. Le Sommier , le Bedeau , le Valet-de-pied , sont sous les ordres du Maître des cérémonies et du Sacristain , chacun en ce qui le concerne.

Du Secrétaire.

51. Le Secrétaire est nommé par le grand Aumônier.

52. Il reçoit ses ordres, ou ceux de son Vicaire général.

53. Il travaille avec le Vicaire général.

54. Il nomme les Commis dont

il a besoin pour le travail de ses bureaux.

55. Il est chargé des dépenses de bureau, d'après ce qui est statué par le budget de l'année.

Des officiers des autres Chapelles et Maisons Impériales, et de leurs attributions.

56. Le grand Aumônier, et en son absence le premier Aumônier, pourvoit à ce que le service divin soit fait dans les différens Palais où se rend l'Empereur.

57. Il y a dans chaque Palais un Sacristain attaché à la chapelle du Palais. Ce Sacristain dit la messe tous les jours pour les personnes du service de ce Palais.

Des officiers de la Chapelle de l'Impératrice et des Princes, et de leurs attributions.

58. Un premier Aumônier.
Deux Chapelains.

59. Le premier Aumônier accompagne S. M. à la chapelle.

60. Il lui présente son livre d'heures.

61. Il reçoit les ordres de l'Impératrice pour l'heure de la messe.

62. Les Chapelains remplacent le premier Aumônier, en son absence.

63. Ils disent la messe tous les jours aux personnes de la maison de l'Impératrice.

Des Chapelles des Princes.

64. Un premier Aumônier Évêque,

Deux Chapelains.

CHAPITRE II.

Fonctions et Attributions du grand Maréchal du Palais, et des Officiers compris dans son service.

ARTICLE I.er

LES attributions du grand Maréchal du Palais sont,

1.° Le commandement militaire dans les Palais impériaux et leurs dépendances, la surveillance de leur entretien, embellissement et ameublement, la distribution des logemens ;

2.° Le service de la bouche, les tables, le chauffage, l'éclairage, l'argenterie, la lingerie et la livrée.

2. Le grand Maréchal du Palais est présent à l'ordre que S. M. donne journellement aux Colonels généraux de sa garde. Il le reçoit pour

le Palais, et fait à S. M. son rapport sur tous les événemens qui peuvent s'y être passés.

3. Il propose à S. M. la distribution du service militaire à établir pour la garde du Palais. Ce service une fois fixé ne peut plus être dérangé sans un nouvel ordre de S. M.

4. Le grand Maréchal du Palais, chargé du commandement et de la police dans les Palais impériaux, commande aux détachemens de la Garde impériale qui y font le service. Il leur donne les consignes et l'ordre; il reçoit le rapport des officiers qui commandent les différens postes.

5. Les officiers militaires en service dans le Palais, ne doivent recevoir des ordres que du grand Maréchal du Palais, ou des officiers qui le représentent.

6. Il donne les ordres pour battre la retraite ou le réveil, pour fermer ou ouvrir les grilles du Palais.

7. Le grand Maréchal du Palais prend le commandement et est chargé de la police dans tous les endroits où S. M. va en cérémonie, et dans lesquels la Garde impériale prend poste.

8. S. M. donne ses ordres au grand Maréchal du Palais pour les personnes qui doivent monter à cheval aux grandes parades qui ont lieu dans l'enceinte du Palais.

9. Il doit lui être rendu compte de tous les événemens qui arrivent dans les Palais, de tous les individus qui viennent y loger, s'y établir ou s'y introduire. Ceux qui y sont arrêtés, ne sont plus relâchés ou renvoyés à d'autres autorités que d'après ses ordres.

10. Comme chargé de la police dans les Palais, c'est lui seul qui peut infliger, sur la demande qui lui en est faite, la punition d'emprisonnement, aux individus des différens services de la maison de S. M., quelles que soient leurs fonctions. Il fait exécuter ses ordres par les Officiers de la Gendarmerie impériale de service dans le Palais.

11. Le grand Maréchal du Palais, ou les officiers qui le représentent, sont exactement prévenus des cérémonies ou fonctions qui doivent avoir lieu dans le Palais, des personnes qui doivent y participer ou y assister, par les Officiers qui les ordonnent.

12. Il prend les ordres de l'Empereur pour les logemens que LL. MM., leurs Officiers, et les gens attachés à leur service, doivent

occuper dans les différens Palais impériaux, à l'armée et dans les voyages.

13. Le grand Maréchal du Palais est chargé de la distribution des appartemens, et des logemens dans les Palais impériaux. Il règle leur ameublement, et s'adresse à l'intendant général pour en obtenir les travaux en réparation et entretien, et tous les meubles nécessaires.

14. Il ne peut rien être changé à la distribution ou à l'ameublement des Palais, et l'on ne peut faire sortir aucun des meubles, à moins d'un ordre du grand Maréchal du Palais. Il ne peut rien y entrer non plus sans qu'il en soit prévenu.

Le grand Maréchal du Palais fait à l'Intendant général la demande des meubles nécessaires ; les Chambellans de LL. MM. les font disposer dans les grands appartemens et appartemens d'honneur de LL. MM., comme cela est nécessaire pour les cérémonies ou fonctions qui peuvent avoir lieu.

15. Il a sous ses ordres les Concierges, Garçons d'appartement, Portiers et tous Employés quelconques au service du Palais. Il a la surveillance sur tous les individus quelconques attachés au service de LL. MM. qui y sont logés.

Il donne à tous les Portiers les consignes pour leur service.

16. Il surveille l'entretien des bâtimens des Palais, et celui de leur ameublement. Il veille à l'appropriement et à la bonne tenue de tous les appartemens et logemens, des communs, des cours, jardins et dépendances.

17. Il veille à ce que les Gouverneurs et Sous-gouverneurs des
Palais tiennent la main pour que les
inventaires que les Concierges doivent avoir de leur mobilier, et leurs
registres de recette et consomma-
tion, soient conformes à ce qui est
réellement.

18. Le grand Maréchal du Palais
et ses officiers doivent veiller à ce qu'il
ne s'introduise dans le Palais aucun
individu qui ne doit pas y entrer.

19. Comme grand Officier de
la Maison, le grand Maréchal du
Palais a ses entrées déterminées et
fixées dans les appartemens habités
par LL. MM. Mais lorsqu'elles n'habitent pas un appartement, il peut
y entrer et y ordonner.

20. Les pompiers et la chambre
de veille sont sous les ordres du
grand Maréchal du Palais ; en cas
d'accidens

d'accidens imprévus et d'incendies, le grand Maréchal du Palais ordonne toutes les dispositions.

21. Il visite et fait visiter par les Maréchaux-des-logis les Palais impériaux, leurs dépendances, les différens logemens qui y sont établis, afin de s'assurer qu'ils sont tenus proprement, et que ceux qui les occupent n'y commettent aucune dégradation, ni rien qui soit préjudiciable à la police et au bon ordre qui doit y régner.

22. A l'armée et en voyage, le grand Maréchal du Palais est chargé de pourvoir au logement de LL. MM.

23. Il ordonne la répartition des logemens pour les personnes de la suite de LL. MM. et de celles de leur service, et fait fournir les écuries nécessaires.

C

24. C'est au grand Maréchal du Palais à régler ce qui concerne les logemens des hommes et chevaux de la Garde impériale qui accompagnent S. M. dans ses voyages, et pour cela les Commandans des détachemens lui fournissent les Officiers ou sous-officiers de logement qui lui sont nécessaires.

25. Les logemens marqués par ordre du grand Maréchal du Palais, pour le service de LL. MM., les personnes de leur suite et pour la Garde impériale, ne peuvent plus être pris par aucune autre personne, quels que soient son rang et ses fonctions, et pour aucun autre service.

26. Lorsque S. M. arrive ou fait sa première entrée dans un de ses Palais, le grand Maréchal la reçoit à la porte, la précède et la conduit

dans les appartemens où elle peut desirer d'aller.

27. La place du grand Maréchal du Palais dans les cérémonies est désignée; si c'est dans l'enceinte du Palais ou dans un lieu dont il a le commandement, il est placé de manière a pouvoir recevoir directement les ordres de S. M.

28. Le grand Maréchal du Palais, comme chargé du service de la bouche, du chauffage, de l'éclairage, de l'argenterie, de la lingerie et de la livrée, ordonne tout ce qui est relatif à ces services, et doit veiller à ce qu'ils soient bien faits dans tous les endroits quelconques où LL. MM. peuvent se trouver.

29. Il distribue les tables, détermine quelles sont les personnes qui doivent y manger, règle le service de chacune.

30. Le grand Maréchal du Palais est prévenu des ordres que LL. MM. donnent pour le service de leurs tables, et des invitations qu'elles font faire. Il charge les Préfets des détails des services.

31. Le grand Maréchal fait visiter par les Préfets du Palais, les cuisines, offices, caves, lingerie et fourrières, pour s'assurer que tout est tenu proprement et en ordre.

32. Lorsque LL. MM. mangent en grand couvert, le grand Maréchal du Palais prend lui-même les ordres de LL. MM. pour le service; il les fait exécuter par les Préfets du Palais, qui l'avertissent quand le repas est servi.

Le grand Maréchal du Palais prévient LL. MM., les conduit jusqu'à la table, se place à la droite, et les reconduit de même après le repas.

Pendant le repas il offre à boire à l'Empereur.

33. Lorsque LL. MM. mangent en petit couvert dans les appartemens d'honneur, et que le grand Maréchal du Palais est présent, il prend de même les ordres de LL. MM. pour le service, et les prévient lorsque tout est prêt.

34. Il fait faire tous les six mois au moins, par les Préfets, la vérification de toute la vaisselle, argenterie, lingerie, porcelaine et verrerie appartenant à LL. MM.

35. Il vise tous les états de dépenses et de gages pour lesquels il lui est accordé des fonds par le budget de la Maison.

36. Le grand Maréchal du Palais présente à S. M. et à son lever, les Officiers compris dans ses attributions qu'elle a bien voulu nom-

mer; il leur remet copie de l'expédition du décret de leur nomination, et reçoit le serment de ceux
qui ne le prêtent pas entre les mains
de S. M.

37. Le grand Maréchal du Palais nomme, avec l'agrément de
S. M., et brevète le Secrétaire, les
Maîtres-d'hôtel, les Concierges et
toutes les autres personnes au service du Palais ou de la Maison,
comprises dans ses attributions, et
reçoit leur serment.

38. Le bureau de la poste aux
lettres établi dans chacun des Palais impériaux est sous la surveillance du grand Maréchal du Palais.

39. Le grand Maréchal du Palais est logé et a une table servie
aux dépens de la Couronne.

Gouverneurs des Palais.

40. Le Gouverneur d'un Palais est chargé, sous les ordres du grand Maréchal et pour le Palais dont il est le Gouverneur, de tous les détails du commandement militaire et de la police du Palais, de la surveillance pour l'entretien des bâtimens et leur mobilier, de la propreté des appartemens, cours et jardins, de la distribution des logemens, suivant tout ce qui a été dit pour le grand Maréchal du Palais par les articles 3, 4, 5, 8, 10, 11, 14, 15, 16, 17, 18, 19, 25 et 36.

41. Les Gouverneurs des Palais sont Officiers civils de la Maison ; ils prêtent serment entre les mains de l'Empereur.

42. Le Gouverneur d'un Palais fait habituellement la ronde et la

visite du Palais et des postes qui y sont établis.

43. Il fait au Maréchal du Palais toutes les demandes pour les fournitures ou travaux à faire dans le Palais.

44. Il se fait rendre compte de tout ce qui arrive, par les Chefs des postes, le Concierge, les Portiers, les garçons d'appartement, les gardes et surveillans des jardins.

45. Il fait défiler la garde montante; il donne l'ordre et le mot qu'il a reçus du grand Maréchal du Palais, ou, en son absence, du Colonel général de service.

46. Pendant le séjour de S. M. dans un de ses Palais, si le grand Maréchal est absent, le Gouverneur prend les ordres du Colonel général de service.

Sous-gouverneur.

47. Le Sous-gouverneur supplée le Gouverneur dans toutes ses fonctions ; et tout ce qui a été dit pour le Gouverneur lui est applicable.

Adjudant.

48. L'Adjudant du Palais surveille, sous les ordres du Gouverneur et Sous-gouverneur, les détails du service militaire, de la police et bonne tenue du Palais. Il fait journellement la ronde de tous les postes du Palais ; il s'assure que les consignes sont bien exécutées et les patrouilles bien faites ; que les hommes qui montent la garde, sont propres, ainsi que les corps-de-garde.

Préfets du Palais.

49. Le premier Préfet du Palais et les Préfets du Palais suppléent le grand Maréchal du Palais pour le service de la bouche, de l'éclairage, du chauffage, de la lingerie, de l'argenterie et de la livrée ; ainsi les articles 27, 28, 29, 30, 31, 32, 33, 34, leur sont applicables.

50. Il y a toujours un Préfet du Palais de service ; il est relevé tous les huit jours, et pendant son service il est logé dans le Palais.

51. Le Préfet de service doit visiter, tous les jours, les cuisines, caves, offices, argenterie, fourrières et magasins, afin de s'assurer si tout est tenu proprement. Il doit bien connaître toutes les personnes qui y sont employées.

52. Lorsque l'Intendant géné-

ral passe un marché de fourniture pour la maison, le premier Préfet ou un des Préfets y est présent; il doit le discuter pour les intérêts de S. M., et s'assurer que la chose à fournir sera de la meilleure qualité.

53. Le Préfet de service est présent aux vérifications d'inventaire, qui doivent se faire de temps à autre, de l'argenterie, porcelaine et autres objets confiés aux chefs de service.

54. Il doit être présent à la réception de toutes les fournitures pour le service de la Maison, et s'assurer qu'elles sont conformes à ce qui a été arrêté par les marchés.

55. Il vérifie de temps à autre les registres du premier Maître-d'hôtel contrôleur et des chefs de service.

56. Le Préfet de service doit

recevoir des Chambellans de service la liste des personnes que LL. MM. font inviter à leur table.

57. Avant le coucher de l'Empereur, le Préfet de service doit prendre ses ordres pour le service du lendemain, et connaître l'heure de son déjeûner.

58. Tous les matins, le Préfet de service se fait représenter le service arrêté pour la journée.

59. Aux heures des repas de LL. MM., le Préfet prend leurs ordres, et il envoie un Maître-d'hôtel chercher le service de la cuisine et celui de l'office : ils sont apportés couverts, et précédés du Maître-d'hôtel, qui doit les poser, du sommelier et du chef de l'office, qui apportent et posent eux-mêmes sur la table les vins, l'eau et le pain qui doivent être servis à LL. MM.

Le

Le Préfet prévient ensuite LL. MM. ; il les précède pour les conduire dans le lieu où le couvert est mis : il fait placer les personnes invitées, s'il y en a, et il veille à ce que le service soit bien fait. Après le repas, il précède également LL. MM. pour les reconduire dans leurs appartemens.

60. Les fonctions du premier Préfet et des Préfets, lorsque LL. MM. mangent en grand couvert, sont celles détaillées dans le titre des repas.

61. Le premier Préfet et les Préfets du Palais ont les entrées et leurs places désignées dans les cérémonies, comme les officiers civils de la Maison ; ils prêtent serment entre les mains de l'Empereur.

Maréchaux-des-logis.

62. Les Maréchaux-des-logis sont officiers civils de la Maison, et prêtent serment entre les mains de l'Empereur.

63. Ils sont chargés de la distribution des appartemens et logemens pour LL. MM. et les personnes de leur suite, dans les Palais impériaux et dans les voyages.

64. Dans les voyages, un Maréchal-des-logis précède LL. MM. pour faire préparer leur logement dans les lieux où elles doivent s'arrêter.

65. Lorsque LL. MM. doivent aller habiter un Palais, un Maréchal-des-logis les précède pour en faire préparer les appartemens et faire la distribution des logemens pour les différentes personnes

qui doivent accompagner LL. MM.

66. Lorsque LL. MM. reçoivent dans un de leurs Palais un Prince français ou étranger, un Maréchal-des-logis est chargé de faire préparer et distribuer l'appartement désigné par LL. MM. pour le logement de ce prince.

67. Les Maréchaux-des-logis veillent au maintien de la propreté et de l'ordre dans les Palais et les différens logemens qu'ils renferment, ainsi que leurs dépendances. S'ils aperçoivent quelques dégradations soit dans les bâtimens, soit dans le mobilier, ils en préviennent le grand Maréchal du Palais.

Secrétaire général du service du grand Maréchal du Palais.

68. Le Secrétaire général du service du grand Maréchal du Palais est

chargé de la correspondance, de l'expédition des ordres et de leur enregistrement. Tous les ordres sont signés par le grand Maréchal du Palais, ou l'Officier qui le représente.

Il tient les registres où sont inscrites les personnes attachées au service des Palais ou de LL. MM., avec les notes et renseignemens sur chacune d'elles.

Quartier-maître du Palais.

69. Le Quartier-maître du Palais réunit et surveille toute la comptabilité du service du grand Maréchal du Palais.

C'est à lui que doivent être envoyées ou remises toutes les pièces de comptabilité, lorsqu'elles sont revêtues des formalités exigées. Il les vérifie avant de les soumettre à la signature du grand Maréchal du Palais, et les enregistre ensuite, suivant les divisions établies dans le budget.

Premier Maître-d'hôtel contrôleur.

70. Le premier Maître - d'hôtel contrôleur, d'après les ordres qu'il reçoit du grand Maréchal du Palais, ordonne et surveille les dépenses, achats ou consommations. Il en arrête les comptes ou mémoires.

Il est chargé de toute la comptabilité en matières; il tient les inventaires de tout le matériel qui dépend du service du grand Maréchal du Palais.

Il arrête, sauf l'approbation du grand Maréchal du Palais, ou des officiers qui le représentent, le service des différentes tables, celui de l'éclairage, de la lingerie, du chauffage, et les fournitures à faire pour les différens Palais.

Fourriers du Palais.

71. Les Fourriers du Palais aident et suppléent les Maréchaux-des-logis pour faire préparer et distribuer les logemens des personnes attachées au service de LL. MM. ou de leur suite, soit dans les Palais, soit en voyage.

72. Les Fourriers du Palais veillent au maintien de l'ordre et de la propreté dans les différens Palais et leurs dépendances, et à ce qu'ils soient éclairés conformément à ce qui est réglé pour chacun.

73. Les Fourriers du Palais doivent connaître toutes les personnes attachées au service de LL.

MM., ou des différens Palais. Ils ont la surveillance particulière de la livrée et de son service.

74. Ils doivent s'habituer à bien connaître les différens Palais, leurs dépendances, et la distribution des appartemens et logemens.

75. Ils prennent connaissance des différens réglemens pour le service du Palais ou de LL. MM.; et s'ils apprennent ou s'ils aperçoivent quelque chose qui soit contraire ou nuisible aux intérêts de S. M., ils s'empressent d'en prévenir le grand Maréchal du Palais, ou l'Officier qui le représente.

76. En cas d'une fête ou d'une cérémonie dans un Palais, les Fourriers du Palais ont soin que les préparatifs en soient faits comme ils doivent l'être; et pendant la fête

ils veillent, à l'extérieur, au maintien de l'ordre et de la police.

77. Il y a toujours un Fourrier du Palais de service, qui doit avoir l'état des Valets-de-pied ou autres qui sont de service chaque jour.

Tous les matins, il fait un rapport au grand Maréchal du Palais.

CHAPITRE III.

Fonctions et Attributions du grand Chambellan et des Chambellans.

ARTICLE I.er

LE service de la chambre est composé de tout ce qui concerne les honneurs du Palais, les audiences ordinaires, les sermens qui se prêtent dans le cabinet de l'Empereur, les entrées, les levers et couchers de S. M., les fêtes, les cercles, les théâtres du Palais, la musique, les

loges de l'Empereur et de l'Impératrice aux différens spectacles, la
garde-robe de l'Empereur, sa bi-
bliothèque, les Huissiers et Valets-
de-Chambre.

Grand Chambellan.

2. Le grand Chambellan est le
chef de tout le service de la chambre. Il est l'ordonnateur général de
toutes les dépenses de ce service. Il
jouit de tous les honneurs et de
toutes les distinctions attribués aux
grands Officiers par le Réglement
général de la Maison.

3. Aux banquets et festins publics, donnés par l'Empereur, il
présente à laver à S. M. avant et
après le repas.

4. Il prend les ordres de S. M.
pour les présens qu'elle desire-
rait faire aux Têtes couronnées,

Princes, Ambassadeurs et autres, et qui devraient être payés par sa cassette. Il les fait confectionner, en arrête le prix et en ordonnance le paiement, de même que de tous les objets soumis à sa surveillance particulière.

5. Quant au service, il fait celui d'honneur, de préférence à tout autre Chambellan. Il peut aussi faire le service ordinaire; il en a la surveillance et l'inspection.

Maître de la Garde-Robe.

6. Un Aide-de-camp de l'Empereur ou un Chambellan remplit les fonctions de Maître de la Garderobe : il est désigné par S. M.

7. Le maître de la Garde-robe est spécialement chargé de tout ce qui la concerne; il a en conséquence l'ordonnance et la surveillance sur

tous les objets qui la composent, comme habits, linge, dentelles, chaussures, grands et petits costumes, cordons et colliers de la Légion d'honneur et autres, ainsi que des diamans, bijoux, &c. appartenant à S. M.

8. Il prête le serment de fidélité entre les mains de l'Empereur, et reçoit celui de tous les gens employés à la Garde-robe.

9. Tous les ouvriers travaillant pour les objets dont il a la surveillance, reçoivent des brevets du grand Chambellan.

10. Il prend les ordres de l'Empereur sur tout ce qui concerne son habillement, et les fait exécuter par les personnes attachées à ce service.

11. S'il assiste à la toilette de l'Empereur, il lui passe lui-même son

habit, lui attache le cordon ou collier de la Légion, et lui présente son épée, son chapeau et ses gants, lorsque le grand Chambellan est absent.

12. S'il assiste au coucher de S. M., il détache le cordon ou collier de la Légion, et reçoit l'épée, le chapeau et les gants, lorsque le grand Chambellan est absent.

13. Aux jours de fête et de cérémonie auxquels S. M. revêt quelqu'un de ses costumes, il doit assister à la toilette, passer lui-même l'habit, et lui placer le manteau sur les épaules, si le grand Chambellan est absent.

14. Il a la garde des diamans et bijoux qui ne font pas partie de ceux de la Couronne, et a soin de leur entretien. Ces objets sont payés sur le budget du grand Chambellan, et soumis à son *visa*.

Quand

Quant aux diamans de la Couronne, il en a la confection et l'entretien : mais il les remet en garde au Trésorier général de la Couronne, qui ne peut les confier que sur la demande écrite du grand Chambellan, ou sur un ordre direct de l'Empereur , pour les diamans à son usage; et sur la demande écrite de la Dame d'honneur ou de la Dame d'atours , pour les diamans à l'usage de l'Impératrice.

15. Lorsque LL. MM. veulent se servir des diamans de la Couronne, le Trésorier général, sur la demande écrite du grand Chambellan, ou sur un ordre direct de l'Empereur pour les diamans à son usage, et sur une demande écrite de la Dame d'honneur ou de la Dame d'atours pour ceux à l'usage de l'Impératrice, porte les diamans deman-

dés chez LL. MM., et les remet, ceux de l'Empereur, au Maître de sa Garde-robe, et ceux de l'Impératrice, à la Dame d'honneur ou à la Dame d'atours. Le trésorier général tient à cet effet un registre particulier, sur lequel la personne à qui il remet les diamans en donne un reçu ; et lorsqu'ils lui sont rapportés par le Maître de la Garde-robe, il en donne lui-même un reçu sur de pareils registres tenus à cet effet par le Maître de la garde-robe, et par la Dame d'honneur ou la Dame d'atours.

16. Il a toutes les entrées qu'exige l'exercice de ses fonctions.

Chambellans.

17. Le premier Chambellan et les Chambellans prennent entre eux leur rang d'ancienneté de service

auprès de l'Empereur. Ils prêtent serment entre les mains de S. M.

18. Il y en a au moins quatre de service par trimestre, qui le sont sans aucun tour de droit, mais qui sont désignés par S. M. à la fin de chaque trimestre, sur la présentation du grand Chambellan.

19. Il y a toujours au Palais deux Chambellans de jour, dont un pour le grand appartement de représentation, et un pour l'appartement d'honneur de l'Empereur. Ils sont relevés tous les huit jours.

20. Les Chambellans de jour sont chargés d'introduire près de S. M. les personnes qui peuvent être admises près d'elle, ou auxquelles elle veut parler.

21. Leur service est déterminé par les Réglemens particuliers de S. M. sur l'étiquette. C'est aux

Chambellans à tenir la main à leur exécution.

22. Les Chambellans de jour en fonctions, ordonnent seuls dans les appartemens ; ils ont à leurs ordres les Huissiers, Valets-de-chambre, et autres personnes attachées aux appartemens.

23. Ils font exécuter les Réglemens sur les entrées ; et toute personne qui ne les a pas en vertu de ces Réglemens, ne peut pénétrer dans les appartemens, sans qu'ils en aient donné l'ordre.

24. Ce sont eux qui présentent à l'Empereur toutes les demandes d'audiences particulières, et qui préviennent de celles que S. M. accorde.

25. Les Chambellans de jour font toutes les invitations qui sont attribuées au service de la chambre.

26. Toutes les personnes qui desirent être présentées à S. M., s'adressent aux Chambellans de jour.

27. Ils doivent veiller à l'ordre et à l'arrangement de tout ce qui se trouve dans les grands appartemens et dans celui d'honneur de l'Empereur.

28. Les Chambellans de jour sont chargés de l'étiquette aux levers et aux couchers de l'Empereur. Ils prennent les ordres de S. M. pour l'heure à laquelle ils doivent avoir lieu.

Les Chambellans et l'Aide-de-camp de jour doivent précéder S. M. dans l'intérieur du Palais.

29. Quand S. M. sort avec son piquet, un des deux Chambellans de jour l'accompagne, et monte dans la seconde voiture avec l'Aide-de-camp de service.

30. Les Chambellans de jour se relèvent toutes les semaines au coucher. Ceux qui quittent le service, doivent prévenir ceux qui les relèvent, des ordres que S. M. aurait pu donner pour la semaine suivante.

31. Les Chambellans de jour ne quittent les appartemens que lorsque S. M. est couchée; et ils doivent y être rendus une heure avant son lever, afin de les visiter et de s'assurer qu'ils sont appropriés et disposés comme ils doivent l'être, et que les Huissiers et les Valets-de-chambre sont à leurs postes.

32. Dans l'intérieur des Palais, les Chambellans ont le pas avant les Officiers de tous les autres services.

33. Un des Chambellans de service suit l'Empereur au Conseil d'état.

34. Les deux Chambellans de service habitent au Palais.

35. Toutes les fois que l'Empereur reçoit dans les grands appartemens, quatre Chambellans sont obligés de s'y trouver, et tous ont la faculté de s'y rendre.

36. S. M. désigne particulièrement les Chambellans qui doivent l'accompagner et être de service dans ses voyages.

Chambellans de l'Impératrice.

37. La Dame d'honneur a dans la Maison de l'Impératrice les mêmes droits, prérogatives et honneurs que le grand Chambellan dans la Maison de l'Empereur. Pour tous les objets de service, la Dame d'atours remplace la Dame d'honneur.

38. Les Chambellans de l'Impératrice prêtent serment entre les

mains de l'Empereur et de l'Impératrice.

39. Les Chambellans de l'Impératrice font le service chez S. M.,
conformément aux Réglemens particuliers établis pour la Maison de
S. M. l'Impératrice.

40. Ils prennent entre eux leur
rang d'ancienneté de service auprès
de l'Impératrice.

41. Il y a trois Chambellans de
service par trimestre, qui sont désignés par S. M. à la fin de chacun.
Il y a toujours dans l'appartement
de S. M. l'Impératrice un Chambellan de jour : il est relevé tous les
huit jours.

42. Le Chambellan introducteur près de l'Impératrice, introduit
auprès de S. M. les Ambassadeurs
et Étrangers ; en son absence, il est
remplacé par un Chambellan dé-

signé par la Dame d'honneur, en se conformant au Réglement adopté pour le cérémonial.

CHAPITRE IV.

Fonctions et Attributions du grand Écuyer, et des Officiers de son service.

ARTICLE I.er

L'ÉCURIE et ses différens services, les Pages, les Courriers, les armes de guerre de S. M., la surveillance et la direction des haras de Saint-Cloud, forment les attributions du grand Écuyer.

2. Il ordonne de tout ce qui est relatif aux voyages, et désigne les places que chacun doit avoir.

3. Il a la distribution de tous les logemens dans les bâtimens affectés, par le grand Maréchal, au service des écuries, Pages, &c. Les por-

tiers de ces maisons sont dépendans de ses attributions.

4. Il prévient les personnes que S. M. admet à monter ses chevaux ou dans ses voitures.

5. Il reçoit le serment que les Officiers de son service doivent à l'Empereur, et celui des Employés et des gens à gages, ainsi que celui des Maîtres-ouvriers travaillant pour les écuries impériales.

6. Le grand Écuyer accompagne toujours S. M. à l'armée.

7. Il porte à l'armée, en l'absence du Connétable, l'épée de S. M.

8. Si le cheval de S. M. est tué, ou vient à tomber, c'est à lui à la relever et à lui offrir le sien.

9. Il fait, en toute occasion, le service d'honneur, quand il est près de S. M., de préférence aux Écuyers qui seraient de service près d'elle.

10. A l'armée, le grand Écuyer loge aussi près que possible de S. M., afin de se trouver toujours près d'elle quand elle sort : il y prend lui-même ses ordres à son lever et à son coucher.

11. Il partage, à cheval, la croupe de celui de S. M. avec le Colonel général de service ; il est à gauche, afin de se trouver toujours au montoir. Dans les défilés, ou sur un pont étroit, il suit immédiatement S. M., afin d'être à même de prendre son cheval, si elle voulait mettre pied à terre, ou de la soutenir au besoin.

12. En cortége ou en route, il va dans la voiture qui précède celle de S. M., celles des Princes de la Famille impériale ou de l'Empire (1).

---

(1) Les grands Dignitaires étant Princes de l'Empire, sont toujours désignés en cette qualité dans le présent Réglement.

13. Il nomme le premier et le second Page, sur la proposition du Gouverneur, et l'avis des Sous-gouverneurs et Maîtres.

14. Il nomme le Médecin et le Chirurgien des Pages, ainsi que les employés de la bouche et du service des Pages et les Gagistes de son service.

15. Il présente à S. M., à son lever, les Officiers et Employés supérieurs de son département, ainsi que les Maîtres et les Pages, quand ils sont nommés par Sa Majesté.

16. Il présente à S. M. ceux de MM. les Pages qui, ayant atteint leur dix-huitième année, sont dans le cas de passer dans les corps de l'armée.

17. Un Porte-arquebuse est sous les ordres du grand Écuyer; il est spécialement chargé d'entretenir,

charger

charger et décharger les pistolets et les armes des voitures de S. M.

18. La place du grand Écuyer dans les cérémonies, quand S. M. est sur son trône, qu'elle se rend à la messe, dans la chapelle et par-tout ailleurs, est réglée par le cérémonial.

19. Il jouit des entrées et de toutes les prérogatives que donne la charge de grand Officier.

20. Il a la police de tous les Employés et gens à gages de son département, pour tout ce qui est relatif au service de l'écurie.

21. Il est logé par la Couronne, et se sert des gens, chevaux et voitures des écuries de Sa Majesté.

22. Ses fonctions dans les cérémonies sont réglées par le cérémonial.

23. Au grand couvert, il donne le fauteuil à S. M. pour se mettre à

table : il le retire pour qu'elle se lève ; il se tient à sa gauche.

24. Il soutient S. M. du côté droit, pour monter en voiture ou en descendre dans les cérémonies, et toutes les fois qu'il se trouve près d'elle.

25. Il marche immédiatement devant S. M. quand elle sort de ses appartemens, pour monter à cheval ; lui donne la cravache, lui présente le bout des rênes et l'étrier gauche ; il la soutient aussi pour monter à cheval.

26. Il s'assure par lui-même de la régularité du service de tout ce qui tient à son département, de la solidité des voitures destinées à S. M., de l'intelligence et de l'adresse des hommes employés à son service personnel, et de la sûreté et de l'instruction des chevaux qu'elle monte, ou qu'on emploie à sa voiture.

27. Il surveille particulièrement l'instruction des Pages, et tout ce qui tient à leur nourriture et leur entretien.

28. Il fait visiter et surveiller par MM. le premier Écuyer et les Écuyers, les écuries, et tout ce qui tient à son département.

29. Les écuries de S. M. ne fournissent des chevaux de selle, qu'aux charges et personnes ci-après désignées :

Colonel général de service,
Aide-de-champ de service,
Écuyer de service,
Pages de service,
Mamelouck; et des voitures, que pour le service désigné ci-dessus, lorsque ces Officiers sortent avec mission expresse de S. M.

30. Les écuries impériales fournissent aussi les voitures et chevaux

pour les cérémonies impériales, et pour les Ambassadeurs qui ont leur audience de créance ou de recréance.

31. Les personnes de la Maison de S. M. désignées par elle pour l'accompagner dans ses voyages, ont place dans ses voitures.

Écuyers.

32. Le premier Écuyer et les Écuyers prennent entre eux leur rang d'ancienneté de service auprès de l'Empereur. Ils commandent l'écurie pour tout ce qui est relatif au service pendant la durée du leur. Ils prêtent serment entre les mains de S. M.

33. Celui de service accompagne toujours S. M, soit en voiture, soit à cheval; si c'est en voiture, même en voyage, l'Écuyer se place à cheval à la portière droite, quand le

Colonel général de service n'est point à cheval; s'il est à cheval, il se place à la portière gauche : quand S. M. est à cheval, il se place derrière le grand Écuyer.

34. Leurs places et leurs fonctions dans les cérémonies sont fixées par le cérémonial.

35. En l'absence du grand Écuyer et du premier Écuyer, l'Écuyer de service remplit leurs fonctions près de S. M. quand elle monte ou descend de voiture. Si S. M. est à cheval, il occupe leur place derrière elle.

36. Celui de service tient le cheval de S. M. quand elle y monte ou en descend.

37. L'Écuyer de service porte à l'armée la cuirasse de S. M., et, en l'absence du grand Écuyer et du premier Écuyer, son épée et ses armes; en leur absence, il a l'hon-

neur de revêtir de ses armes S. M. le jour d'une bataille.

38. Dans le cas où S. M. envoie des Officiers de sa Maison au-devant d'un Souverain, un Écuyer fait partie de ces honneurs, et est chargé près de ce Prince, soit pendant son voyage, soit pendant son séjour en France, du même service qu'il ferait près de l'Empereur.

39. L'Écuyer précède S. M., soit qu'elle sorte de ses appartemens pour aller au dehors, soit qu'elle y rentre.

40. Dans les Palais impériaux, il se tient dans le salon dit *de service.*

41. Les Écuyers font le service par quartier, d'après la liste arrêtée par S. M.

Trois au moins sont de service chaque quartier, soit pour le service ordinaire, soit pour le service extraordinaire.

42. Ces trois Écuyers font le service à tour de rôle par semaine.

43. Celui de service ne quitte jamais le salon de service pendant la journée, et couche la nuit dans le Palais; il se trouve au lever et au coucher de S. M. pour recevoir ses ordres.

44. Il s'assure que toutes les parties du service journalier, soit de la selle, soit de l'attelage, destinées au service personnel de S. M., sont prêtés et en bon état; il visite tous les matins, et dans la journée quand il le trouve convenable, les écuries et l'intérieur des voitures destinées au service de S. M.

45. Il reçoit directement les ordres de S. M., soit qu'elle veuille monter à cheval ou sortir en voiture, et les transmet à l'Écuyer commandant de la selle ou de l'attelage, pour

leur exécution ; il veille lui-même à ce qu'ils n'éprouvent aucun retard, et prévient S. M. quand les chevaux et voitures sont prêts.

46. En l'absence du grand Écuyer et du premier Écuyer, celui de service présente à S. M. la cravache et le bout des rênes.

47. Il suit à cheval S. M. toutes les fois qu'elle sort à cheval ou en voiture avec sa livrée ; si c'est en route, il court en bidet.

48. Lorsque S. M. est en voiture, il la suit soit en voiture, soit à cheval, comme l'ordonne S. M., afin d'être à portée de recevoir ses ordres et de les faire exécuter. Il dirige et surveille la marche des voitures qui composent le cortége de S. M.

49. Si S. M. laisse tomber quelque chose à cheval, c'est à lui à le ramasser ou faire ramasser ; il le lui

remet en l'absence du grand Écuyer ou du premier Écuyer.

50. En voyage, MM. les Écuyers font le service par jour : celui de jour est chargé de l'exécution des ordres du grand Écuyer pour le départ des différens services, et l'ordre à suivre dans la marche. Il commande aux employés des postes ; il est chargé en outre de l'exécution du cérémonial pendant la marche, et commande à cet effet aux escortes, auxquelles il assigne leurs places dans le cortége, d'après le Réglement approuvé par S. M., et les ordres du Colonel général de service.

51. Il prévient directement le grand Écuyer de tout ce qui peut intéresser le service de S. M., et de tous les ordres qu'il reçoit à cet égard.

52. Le grand Écuyer peut en employer, s'il le juge convenable, à

la surveillance spéciale de quelques parties de l'administration , ou du service intérieur.

53. Il surveille les Pages de service, et prévient le Gouverneur ou le Sous-gouverneur, en cas de chasse à courre ou au tiré , afin que les Pages du service des chasses s'y trouvent.

54. Il veille à ce que les courriers de service ordinaire et extraordinaire soient toujours à portée de recevoir les ordres de S. M.

55. Il reçoit du Secrétaire de sa S. M., auquel il en donne reçu , les dépêches à expédier directement par les courriers extraordinaires ; il les compte au courrier, s'il y en a plusieurs ; constate la solidité des cachets et enveloppes, et les inscrit sur le *part,* pour les expédier.

56. Il reçoit de même les dépê-

ches des courriers qui arrivent, et les remet lui-même à S. M. pendant la journée. Quand elle est couchée, il fait demander M. l'Aide-de-camp de service dans le salon qui précède celui où il couche, et lui remet les dépêches, pour qu'il les porte à S. M.

Il vérifie scrupuleusement le part, pour s'assurer que tout ce qu'il porte a été remis, et donne reçu au courrier, après avoir également vérifié le temps qu'il a mis en route. S'il est en retard, il en rend compte au grand Écuyer, pour qu'il soit puni.

57. L'Écuyer de service inscrit en outre sur un registre disposé à cet effet, et qu'il enferme sous clef dans un tiroir ou bureau du salon de service, le nom du courrier, la destination, le nombre des dépêches qu'il a reçues ou qu'il apporte, la date et l'heure du départ, ou celle

de l'arrivée, afin que l'on puisse vérifier en tout temps les départs et arrivées, ainsi que le nom des courriers, &c.

58. Il se conformera, au surplus, pour les courriers, au Réglement fait à cet égard.

59. Dans l'intérieur du Palais, les Chambellans ont le pas sur les Officiers des autres services de S. M. Dans le service des écuries et aux chasses, les Écuyers ont le pas sur les Chambellans.

ÉCURIES DE L'IMPÉRATRICE.

Premier Écuyer.

60. Il est premier officier de la maison de S. M. l'Impératrice. Il prête serment entre les mains de LL. MM.

61. Le premier Écuyer de S. M. l'Impératrice remplit près d'elle les fonctions

fonctions de Chevalier d'honneur ; il lui donne la main de préférence à tout autre ; il est présent aux audiences que donne S. M., et se tient derrière son fauteuil.

62. L'administration des écuries de l'Impératrice est confiée au premier Écuyer, mais ressortit de l'administration générale des écuries impériales ; les paiemens ne sont effectués que sur l'arrêté du grand Écuyer, comme l'indique le budget.

63. Il nomme, avec l'agrément de S. M., tous les gagistes de son service.

64. Il dirige et surveille les différentes parties du service dont il est chargé.

65. Les officiers de son service sont sous son autorité.

66. Il reçoit le serment des employés, ainsi que des maîtres-

ouvriers et autres gens à gages ou travaillant pour les écuries de S. M. l'Impératrice.

67. Il accompagne toujours S. M. dans ses voyages ; il ordonne et dirige tout ce qui y est relatif, désigne les places de chacun, et a sous ses ordres les courriers détachés pour le service de S. M. ; il commande et dirige ses escortes, et remplit près de sa personne les mêmes fonctions que le Colonel général de la Garde près de l'Empereur, quand elle n'a point d'Officier supérieur de la Garde près d'elle.

68. Il fait, en toute occasion, le service d'honneur, quand il est près de S. M., de préférence aux Écuyers qui seraient de service près d'elle.

69. Le premier Écuyer loge, dans les voyages, aussi près que

possible de S. M. pour recevoir ses ordres et l'accompagner quand elle sort.

70. En cortége ou en route, il va dans la voiture qui précède celle de S. M. ou les Princes et les Princesses.

71. Il présente à S. M. les Officiers et Employés supérieurs de son service, après leur nomination.

72. Sa place, dans les cérémonies, dans la chapelle, quand S. M. se rend à la messe, et par-tout ailleurs, est réglée par le cérémonial.

73. Il a la police de tous les Employés et gens à gages de son département, pour tout ce qui est relatif au service de l'écurie.

74. Il est logé par S. M., et se sert des gens, chevaux et voitures de ses écuries.

75. Quand S. M. l'Impératrice est dans les grands appartemens, il y a les mêmes entrées que les grands Officiers.

76. Ses fonctions, dans les cérémonies, sont réglées par le cérémonial.

77. Au grand couvert, il remplit les fonctions et occupe la place désignées par les articles 7, 8, 9 et 12 du Réglement sur les repas.

78. Il soutient S. M. du côté droit, pour monter en voiture ou en descendre dans les cérémonies, et toutes les fois qu'il se trouve près d'elle.

79. Il s'assure par lui-même de la régularité du service de tout ce qui tient à son département, de la solidité des voitures destinées à S. M., de l'intelligence et de l'adresse des hommes employés à son service

personnel, et de la sûreté et de l'instruction des chevaux qu'elle peut monter ou qu'on emploie à sa voiture.

80. Dans les cérémonies, et toutes les fois qu'il se trouve près de S. M., il la prévient quand ses voitures ou chevaux sont prêts ; il avertit également les Princes et Princesses quand leurs Altesses doivent monter dans les voitures du cortége de S. M.

Écuyers.

81. Ils commandent l'écurie pour tout ce qui est relatif au service pendant la durée du leur. Ils prêtent serment entre les mains de LL. MM.

82. Celui de service accompagne toujours S. M., soit en voiture, soit à cheval ; si c'est en voiture, l'Écuyer de service se place, à cheval, à la

portière droite; si c'est à cheval, il se place derrière le premier Écuyer.

83. Leurs places et leurs fonctions dans les cérémonies sont fixées par le cérémonial.

84. En l'absence du premier Écuyer, celui de service remplit ses fonctions près de S. M., quand elle monte ou descend de voiture. Si S. M. est à cheval, il occupe la place du premier Écuyer derrière elle.

85. L'Écuyer de service tient le cheval de S. M. quand elle y monte ou en descend.

86. Il soutient S. M. pour monter et descendre de voiture.

87. Dans les Palais impériaux, il se tient dans le Salon fixé par le Réglement sur l'étiquette.

88. Les Écuyers font le service par semaine.

89. Celui de service ne quitte

jamais le salon de service pendant la journée, et couche la nuit dans le Palais, afin d'être à portée de recevoir à toute heure les ordres de S. M.

90. Il s'assure que toutes les parties du service journalier, soit de la selle, soit de l'attelage, destinées au service personnel de S. M., sont prêtes et en bon état; il visite tous les matins, et dans la journée, quand il le trouve convenable, les écuries, et l'intérieur des voitures destinées au service de S. M.

91. Il reçoit directement les ordres de S. M., par l'intermédiaire du premier Écuyer, ou d'une de ses Dames, et les transmet à l'Écuyer commandant, pour leur exécution. Il veille lui-même à ce qu'ils n'éprouvent aucun retard, et prévient S. M. quand ses chevaux ou voitures sont prêts.

92. Il suit à cheval S. M. toutes les fois qu'elle sort à cheval ou en voiture avec sa livrée : si c'est en route, il court en bidet.

93. Lorsque S. M. est en voiture, il la suit soit à cheval, soit en voiture, comme l'ordonne S. M., afin d'être à portée de recevoir ses ordres et de les faire exécuter ; il dirige et surveille la marche des voitures qui composent le cortége de S. M. ; il commande les piquets qui doivent l'escorter.

94. Si S. M. laisse tomber quelque chose à cheval, c'est à lui à le ramasser ou à faire ramasser : il le lui remet, en l'absence du premier Écuyer.

95. En voyage, les Écuyers font le service par jour ; celui de jour est chargé de l'exécution des ordres du premier Écuyer pour le départ des

différens services et l'ordre à suivre dans la marche ; il commande aux employés des postes ; il est chargé, en outre, de l'exécution du cérémonial pendant la marche, et commande, à cet effet, aux escortes, auxquelles il assigne leurs places dans le cortége, d'après le Réglement.

96. Il prévient directement le premier Écuyer, de tout ce qui peut intéresser le service de S. M., et de tous les ordres qu'il reçoit à cet égard.

97. Le premier Écuyer peut employer les Écuyers, s'il le juge convenable, à la surveillance spéciale de quelques parties de l'administration ou du service intérieur.

98. Dans l'intérieur du Palais, les Chambellans ont le pas sur les Officiers des autres services de la

maison de S. M. ; dans le service des écuries et aux chasses, les Écuyers ont le pas sur les Chambellans.

PAGES.

99. Il y a trente-six Pages au moins, et soixante au plus.

Ils font le service de LL. MM. l'Empereur et l'Impératrice. Ils sont âgés de quatorze à seize ans, et restent Pages jusqu'à dix-huit.

100. Tous ceux présentés doivent avoir l'instruction dont sont susceptibles des jeunes gens de leur âge, et être bien conformés.

101. Les parens leur fournissent un trousseau comme l'indique l'état ci-joint, et une pension annuelle de 720 francs, payable d'avance et par trimestre. Cette somme sert à l'entretien de leur linge, pour leur blanchissage et autres menues dépenses ;

il leur est fait sur cette somme un prêt de six francs tous les dimanches pour leurs menus plaisirs et le paiement des menues dépenses d'entretien.

Autant que faire se peut, on les charge de leur entretien, au moyen d'une pension fixée par M. le Gouverneur, et prise sur ladite somme de 720 francs.

102. Il y a un premier et un second Page, choisis par le grand Écuyer, sur le rapport du Gouverneur et d'après l'avis des maîtres. Ces deux premiers Pages passent à dix-huit ans dans les corps de l'armée avec le grade de Lieutenant; les autres Pages passent aussi, à dix-huit ans, dans les corps de l'armée, mais avec le grade de Sous-lieutenant.

103. L'éducation des Pages

compte, pour le service, depuis quinze ans, et donne les mêmes avantages militaires que l'École militaire de Fontainebleau.

Service de S. M. l'Empereur.

104. A Paris, deux Pages près de S. M. l'Empereur.

Un suit S. M. quand elle monte à cheval ou sort en voiture : il se tient derrière la voiture.

105. A Saint-Cloud, il n'y a qu'un Page au palais, et un commandé à l'hôtel des Pages pour le remplacer.

106. Les Pages servent LL. MM., les Princes et Princesses de la famille impériale et étrangers à table au grand couvert et dans les appartemens d'honneur, comme l'indiquent les articles 7, 10, 14, 15, 28 et 35 du Réglement sur les repas.

107.

107. Leur place au Palais est fixée par le Réglement sur l'étiquette et les entrées.

108. Dans les audiences et les jours de messe, huit Pages sont de service ; ils se tiennent en haie quand S. M. rentre dans ses appartemens, et la précèdent quand elle en sort ; ils marchent après les huissiers.

109. Leur place dans les cérémonies est réglée par le cérémonial.

110. Quand S. M. se sert de sa voiture de cérémonie, il en monte autant que possible derrière la voiture, et six derrière le cocher.

111. Si S. M. n'est point rentrée dans son palais quand il fait nuit, les Pages de service l'attendent à la porte du vestibule pour la précéder, en portant un flambeau de poing de cire blanche, et allant jusque

dans leur salon de service ; les Valets-de-chambre se trouvent à la porte intérieure de l'antichambre pour prendre leurs flambeaux.

112. Les Pages font le service dont S. M. juge à propos de les charger. Les commissions leur sont données par S. M., les Princes, les Princesses, ou par MM. les Aides-de-camp, Chambellans ou Écuyers de service ; mais, en revenant, ils rendent compte directement à la personne de la Famille impériale qui les a fait mouvoir.

113. Les Pages vont à cheval précédés d'un palefrenier.

114. Sous quelque prétexte que ce puisse être, les Pages porteurs d'ordre de LL. MM. ou de LL. AA. impériales, soit écrit, soit verbal, ne peuvent se dispenser de le rendre directement à la personne que

l'ordre concerne , fût-elle malade et même gardant le lit.

115. On ouvre les deux battans aux Pages porteurs d'ordre de LL. MM. ou de LL. AA. impériales. La livrée doit être en haie, et ils exigent qu'on les introduise de suite dans un salon, en attendant qu'on les reçoive comme porteurs d'ordre de LL. MM. On les reconduit jusqu'à la porte extérieure de l'antichambre.

116. Les Pages montent, pour leur service près de S. M., les coureurs de ses écuries qui leur sont affectés.

117. A la chasse à courre, un des deux premiers Pages suit toujours S. M. pour lui donner sa carabine.

118. Au tiré, les deux premiers Pages et six autres donnent les fusils à S. M.; ils se rangent à sa

droite , le premier Page près de S. M.

119. Ils reçoivent les fusils des mains du Mamelouck et des Porte-arquebuses.

120. Les valets-de-pied forment la chaîne pour prendre des mains du second Page les fusils que S. M. aura tirés, et les remettre aux Porte-arquebuses.

121. Les Pages se conforment au Réglement arrêté par le grand Écuyer et le grand Veneur, sur la manière de donner, prendre et re-mettre les fusils.

122. Le gibier tué au tiré de S. M. appartient au premier Page; il en dispose comme il le juge con-venable, et en remet l'état à S. M. après son tiré.

123. Les deux premiers Pages suivent de préférence S. M. à l'ar-

mée ou dans ses voyages; ils pourront faire le service d'Aides-de-camp
près des Aides-de-camp de S. M.

124. Si S. M. veut en emmener
un plus grand nombre, le grand
Écuyer les désigne.

125. Quand il en marche quatre,
un des Sous-gouverneurs les accompagne.

126. Quand ils sont de service
ou en voyage avec S. M., ils sont
nourris par la bouche de S. M., ainsi
que le Sous-gouverneur qui les
accompagne.

127. Dans les voyages ou à l'armée, ils sont, autant que possible,
logés ensemble, et sous les yeux de
leur Sous-gouverneur.

Service de S. M. l'Impératrice.

128. A Paris, deux Pages sont
de service près de S. M.

129. Le plus ancien porte la queue de la robe de S. M., quand elle sort de ses appartemens, monte en voiture ou en descend : l'autre précède S. M. Tous deux l'accompagnent, quand c'est à l'extérieur, jusque dans le premier salon. En ville, quand S. M. sort avec son piquet ou sa livrée, ils vont derrière le cocher.

130. Les Pages servent LL. MM. à table au grand couvert et dans les appartemens d'honneur, comme l'indiquent les articles 7, 10, 14, 15, 28 et 35 du Réglement sur les repas.

131. Dans les Palais, ils sont dans la salle désignée par le Réglement sur l'étiquette et les entrées, et ont leurs entrées aux jeux et cercles tenus dans les grands appartemens.

132. A Saint-Cloud, il n'y a qu'un Page de service, et un deuxième

commandé à l'hôtel pour le remplacer. Il accompagne, à cheval, la voiture ou la calèche de S. M.

133. Sept Pages sont de service aux audiences ou les jours de messe : six précèdent S. M. ; le plus ancien porte la queue de sa robe.

134. Leur place, dans les cérémonies, est réglée par le cérémonial.

135. Quand S. M. se sert de sa voiture de cérémonie, il en monte autant que possible derrière la voiture, et six derrière le cocher.

136. Si S. M. n'est point rentrée dans son Palais quand il fait nuit, les Pages de service l'attendent à la porte du vestibule, pour la précéder, en portant un flambeau de poing de cire blanche, et allant jusque dans le salon de service : les Valets-de-chambre se trouvent

à la porte extérieure de l'antichambre pour prendre leurs flambeaux.

137. Les Pages font le service dont S. M. juge à propos de les charger; les commissions leur sont données par S. M., les Princes ou Princesses, ou par MM. les Chambellans ou Écuyers de service; mais en revenant, ils rendent directement compte à S. M. ou à la personne de la Famille impériale qui les fait mouvoir.

138. Les Pages vont à cheval précédés d'un palefrenier.

139. Sous quelque prétexte que ce puisse être, les Pages porteurs d'ordre de LL. MM. ou de LL. AA. impériales, soit écrit, soit verbal, ne peuvent se dispenser de le rendre directement à la personne que l'ordre concerne, fût-elle malade et même gardant le lit.

140. Les Pages montent, pour le service de S. M. l'Impératrice, les chevaux de ses écuries.

141. Les Pages de service près de S. M. l'Impératrice, mangent avec ceux de S. M. l'Empereur.

Gouvernement.

142. Le Gouverneur des Pages est Officier civil de la Maison; il jouit des mêmes entrées et prérogatives qu'eux.

143. Il est Commandant et Administrateur de l'hôtel des Pages, et chargé de la police et de la direction et surveillance de tout ce qui est relatif à leur service et à leur éducation, sous l'autorité du grand Écuyer.

144. Les Sous-gouverneurs sont chargés de tous les détails de l'administration et du service confiés

au Gouverneur. Celui des Sous-gouverneurs qui est en même temps Aumônier, est chargé de leur dire la messe, de les instruire dans leur religion, de veiller à ce qu'ils en observent les pratiques, et de sur-veiller particulièrement tout ce qui tient à leurs mœurs.

145. Tous les maîtres sont sous les ordres du Gouverneur et des Sous-gouverneurs.

146. Le Gouverneur et les Sous-gouverneurs sont logés et meublés par S. M.; ils tiennent la table des Pages.

147. Un Réglement particulier règle tous les détails relatifs à l'organisation, au gouvernement, à l'administration, au logement, à la nourriture et à l'instruction des Pages.

Administration.

148. Le Contrôleur-intendant des dépenses est chargé des dépenses au compte de S. M. et des familles, sous la responsabilité et la surveillance du Gouverneur; de la surveillance des domestiques, de la cuisine, et généralement de toute l'administration de la maison. Ses états, vérifiés et arrêtés par le Gouverneur, sont présentés au grand Écuyer pour être approuvés par lui, comme les autres dépenses, à la fin de chaque mois, et envoyés à l'Intendant général pour être ordonnancés.

149. Le Maître-d'hôtel est chargé du détail du service de l'office et de la cuisine, de la garde de l'argenterie et de tout le mobilier de la cuisine et de l'office.

150. L'administration des Pages est chargée de toutes les dépenses relatives à leur établissement, nourriture, chauffage, éclairage, entretien, blanchissage, et généralement de tout ce qui est relatif aux fournitures en tout genre et au linge de leur maison. Le budget des Pages doit comprendre en conséquence tout ce qui est relatif à ces services.

151. La Lingère est chargée de la lingerie, de l'entretien du linge à l'usage de la maison et de celui des Pages.

152. Il est dressé, au commencement de chaque année, un inventaire général du mobilier en tout genre ; cet inventaire est visé par le grand Écuyer, et il en est envoyé copie à l'Intendant général. Le Gouverneur fait la vérification des objets qui

qui y sont portés, à la fin de chaque trimestre.

153. Au moyen de la somme que S. M. accorde pour la nourriture des Pages, de leurs Gouverneur et Sous-gouverneurs, le Contrôleur et le Maître-d'hôtel, sous la direction et la surveillance du Gouverneur, doivent entretenir une table servie abondamment, mais en choses simples et saines, comme l'indique le Réglement.

CHAPITRE V.

Fonctions et Attributions du grand Veneur et des Officiers et Employés compris dans son service.

ARTICLE I.er

LA vénerie est tout ce qui a rapport aux chasses à courre et à tir dans les bois et forêts du domaine de la Couronne;

I

2. Les armes de chasse de l'Empereur.

3. Tout ce qui est relatif aux coupes, aux plantations, à la réparation et au percement des routes qui sont dans les attributions de l'Intendant général de la Maison de l'Empereur, est préalablement communiqué au grand Veneur.

4. Il a la distribution des logemens dans les bâtimens affectés par le grand Maréchal au service de la vénerie. Les portiers de ces maisons dépendent de ses attributions.

5. Les Princes, les grands Officiers de la Couronne et les Officiers civils de la Maison de LL. MM. sont admis à chasser avec l'Empereur; ils se font inscrire chez le grand Veneur, qui prend les ordres de S. M.

6. Les grands Officiers de l'Empire, tous les Généraux et les Colo-

nels sont également admis à chasser avec l'Empereur ; ils se font inscrire chez le grand Veneur, qui prend les ordres de S. M.

7. Il veille à l'entretien, réparation et ameublement des rendez-vous de chasse ; pour cela, il fait les demandes nécessaires à l'Intendant général.

Il nomme les concierges de ces rendez-vous.

8. Lorsque S. M. veut être servie aux rendez-vous de chasse, il y a toujours deux tables. Personne ne s'asseoit à celle de S. M., à moins d'y être invité par le grand Maréchal du Palais, ou par le grand Veneur, ou, en leur absence, par l'Aide-de-camp de jour.

9. A la chasse à tir, le Colonel général de service se place à la droite de S. M., le grand Veneur à la

gauche ; si S. M. leur permet de tirer, ils conservent la même place.

Le grand Veneur désigne la place de toutes les autres personnes qui sont admises à tirer à la chasse de S. M.

10. Il fait prévenir les étrangers et les autres personnes que S. M. admet à l'honneur de chasser avec elle.

Il donne l'autorisation de porter l'uniforme de chasse.

11. Il désigne les forêts du domaine national dont la chasse est dans le cas d'être mise en réserve pour les plaisirs de l'Empereur et pour ceux de sa famille.

12. Lui seul donne des permissions de chasse dans les bois et forêts du domaine national.

13. Les Conservateurs, les Inspecteurs, Sous-inspecteurs et Gardes forestiers reçoivent les ordres

du grand Veneur, pour tout ce qui a rapport à la surveillance et à la police des chasses.

14. Il fait prendre, dans les forêts nationales, les cerfs, biches, faons et autres animaux qu'il juge nécessaires pour repeupler les forêts de la Couronne et celles du domaine national dont la chasse est mise en réserve.

15. La louveterie est dans les attributions du grand Veneur.

16. Il a le droit de donner des commissions honorifiques de Capitaine général, de Capitaine et de Lieutenant de louveterie, dont il détermine les fonctions et le nombre par conservation forestière et par département, dans la proportion des bois qui s'y trouvent et des loups qui les fréquentent.

Ces commissions sont renouvelées tous les ans.

17. Les dispositions qui peuvent être faites par suite des différens arrêtés pris concernant les animaux nuisibles, appartiennent à ses attributions.

18. Le grand Veneur reçoit directement les ordres de S. M., pour ses chasses à courre et à tir ; il prévient le grand Écuyer et le Colonel général de la garde de service. Si à la chasse il doit y avoir des haltes ou rafraîchissemens, il en prévient le grand Maréchal du Palais ou le Préfet de service.

19. Il travaille avec S. M. pour tout ce qui est relatif à son département, et lui soumet ses propositions pour les nominations ou les révocations des places.

20. Il ordonne, dirige et surveille les différentes parties du service dont il est chargé.

21. Les officiers civils de son département sont sous son autorité. Comme grand Officier, il ne peut être suppléé par eux dans ses attributions, prérogatives et fonctions honorifiques.

22. Il présente à S. M. les nominations aux places ci-après, savoir :

A celle de Capitaine des chasses commandant la vénerie ;

A celle de Lieutenant de la vénerie ;

Aux deux places de Lieutenans des chasses de service près l'Empereur ;

A la place d'Administrateur général des forêts de la Couronne ;

A celles des six Capitaines forestiers, régisseurs des six capitaineries.

Il nomme directement le Porte-arquebuse de l'Empereur, l'Aide

Porte-arquebuse, et le Secrétaire général de la vénerie, après avoir soumis leurs nominations à l'Empereur.

Il nomme directement les Gardes généraux, Gardes à cheval et Gardes particuliers, après en avoir présenté l'état à l'Empereur.

Il leur expédie des brevets qui sont visés par l'Intendant général.

23. Le grand Veneur et les Officiers civils de son service prêtent serment entre les mains de l'Empereur.

24. Il reçoit le serment des autres Agens qu'il nomme et brevète, ainsi que des maîtres-ouvriers et autres gens à gages, ou travaillant pour le service de la vénerie.

25. Il présente à l'Empereur les Officiers et Employés supérieurs de son département, lorsqu'ils sont nommés par S. M.

26. Il a la police de tous les Employés et gens à gages de son département, pour ce qui est relatif au service de la vénerie.

27. Il jouit des entrées et prérogatives que donne sa charge de grand Officier, et prend les ordres de S. M. à son lever et à son coucher.

28. Il accompagne toujours l'Empereur à la chasse, pendant laquelle il court devant lui.

29. Il a une place dans les voitures de S. M.

30. Il est logé par la Couronne, et se sert, pour le service, des gens et chevaux de la vénerie, ainsi qu'il est déterminé par le budget. Il est suivi d'un Piqueur de la vénerie.

31. Quand l'Empereur chasse le sanglier, le grand Veneur présente à S. M. une lance pour le tuer. Aucune des personnes qui sont à la

chasse, ne peut prendre de lance sans son ordre.

32. A l'exception des Veneurs, personne n'a le droit de crier *taïaut* sans son autorisation.

33. Aucune dépense ne peut être allouée, si elle n'est préalablement approuvée par lui : sans cette formalité, elle restera à la charge de celui qui l'aura ordonnée.

34. Il arrête tous les comptes qui doivent être ordonnancés par l'Intendant de la liste civile, sur le chapitre du budget du grand Veneur.

35. Il vise l'état de présence des Gardes et des Portiers.

36. Le grand Veneur arrivé au rendez-vous de la chasse, fait le rapport à l'Empereur. Quand S. M. a décidé quel animal elle veut chasser, il la conduit à la brisée, et prend ses ordres pour attaquer.

37. Quand l'animal est pris, il met pied à terre et présente le pied droit à S. M.

Capitaine des Chasses commandant la Vénerie.

38. Il commande la vénerie, y compris le vautrait, les lévriers et l'équipage des toiles.

39. Il est chargé de la surveillance des équipages, tant pour le personnel que pour le matériel, ainsi que des chevaux et des chiens.

40. Il est aussi chargé de tout ce qui tient à la comptabilité et aux achats en exécution des ordres qu'il reçoit du grand Veneur.

41. Il présente le Lieutenant et tous les autres Employés de la vénerie, au serment qu'ils doivent prêter entre les mains du grand Veneur.

42. Il a pour son service le nom-

bre de chevaux et de voitures désigné dans le budget.

43. Il remet au grand Veneur le pied droit de l'animal, et prend ses ordres pour tout ce qui est relatif au service.

44. En l'absence du grand Veneur à la chasse, il fait le rapport à S. M., la conduit à la brisée et lui présente le pied.

45. Il est nommé par l'Empereur, sur la présentation du grand Veneur. Il est Officier civil de la Maison.

46. Le Secrétaire général de la vénerie lui fait passer tous les mois l'état du fauve qui se trouve dans les six capitaineries, afin qu'il puisse proposer au grand Veneur ce qu'il jugera le plus utile pour les chasses à courre.

47. Il ne donne aucun ordre particulier

particulier aux six Capitaines forestiers régisseurs. Il fait ses demandes directement au grand Veneur ou à la secrétairerie générale de la vénerie.

Lieutenant de la Vénerie.

48. Il est nommé par l'Empereur, sur la proposition du grand Veneur. Il est Officier civil de la Maison.

49. Il est aux ordres du Commandant de la vénerie, le seconde dans ses fonctions, et le remplace en cas d'absence.

Lieutenans des Chasses de service près l'Empereur.

50. Les deux Lieutenans des chasses de service près l'Empereur sont nommés par S. M., sur la présentation du grand Veneur.

51. Ils sont de service, par trimestre, près de S. M., et ont un lo-

gement au château pour le temps de leur service.

52. Le lieutenant de service doit toujours être prêt à recevoir les ordres de l'Empereur, pour ce qui a rapport aux chasses à tir ou aux chasses à courre : il prévient sur-le-champ le grand Veneur, le grand Écuyer et le Colonel général de service.

Si c'est pour la chasse à courre, il fait prévenir en même temps le Commandant de la vénerie ;

Si c'est pour la chasse à tir, il fait prévenir le Capitaine forestier de la capitainerie dans laquelle chasse l'Empereur.

Il prévient en même temps le Garde général du canton et le Porte-arquebuse de l'Empereur, ayant soin d'indiquer l'heure de la chasse et le rendez-vous.

53. Il suit l'Empereur dans les chasses à tir, et a une place dans ses voitures ; il suit S. M. dans les chasses à courre quand elle l'ordonne, et la vénerie lui fournit les chevaux.

54. En cas d'absence du grand Veneur, il prend directement les ordres de l'Empereur pendant les chasses à tir qu'il dirige.

55. Il ne donne des ordres aux Capitaines forestiers, aux Gardes généraux et particuliers, que pendant la durée de la chasse.

56. Tout ce qui a rapport à la conservation du gibier est sous la surveillance des six Capitaines forestiers, qui reçoivent les ordres du grand Veneur par l'intermédiaire du Secrétaire général de la vénerie.

Porte-arquebuse.

57. Le porte-arquebuse est nommé par le grand Veneur, qui soumet sa nomination à l'approbation de l'Empereur; il prête serment entre les mains du grand Veneur.

58. Il est chargé de garder et d'entretenir les fusils de chasse de l'Empereur, ainsi que ses chiens couchans.

59. A la chasse, il charge les armes de S. M.

60. Il a sous ses ordres un Aide Porte-arquebuse, un armurier qui suit les chasses à tir, et deux coureurs chargés de ramasser le gibier et de conduire les chiens.

61. Il a pour son service une chaise attelée de deux chevaux, et un cheval de selle;

Une voiture de chasse attelée de trois chevaux, destinée à porter les fusils.

Les voitures et les chevaux sont fournis et entretenus par l'équipage de la vénerie.

62. Le gibier tué aux tirés de l'Empereur est porté dans les paniers que fait suivre le grand Écuyer; un des Pages marque le gibier qui a été tué par S. M. Quand elle a désigné celui qu'elle veut donner, le surplus appartient au premier Page.

63. L'Aide Porte-arquebuse est spécialement chargé d'aider le Porte-arquebuse à soigner et à charger les armes de S. M.

Le Mamelouck qui est sous les ordres du grand Écuyer, et qui est spécialement occupé à charger, à décharger et à entretenir journellement les pistolets de S. M., tant ceux qui sont dans les fontes de ses selles que ceux qui sont pour ses voitures, charge aussi les armes de S. M. aux chasses à tir.

Secrétaire général de la Vénerie.

64. Il est nommé par le grand Veneur, qui soumet sa nomination à l'approbation de l'Empereur. Il prête serment entre les mains du grand Veneur.

65. Il est le point central de la comptabilité; il veille à ce que les formes exigées soient remplies; il transmet les ordres du grand Veneur aux six Capitaines forestiers.

66. Il a le droit de porter l'habit de chasse, et peut accompagner le grand Veneur pour recevoir ses ordres.

Administrateur général des Forêts.

67. Il est nommé par l'Empereur, sur la présentation du grand Veneur, et d'après la proposition que lui en fait l'Intendant général de la Maison de S. M.

68. Il prête serment entre les mains du grand Veneur.

69. Il est l'agent immédiat de l'Intendant général pour l'administration des bois de la Couronne ; il ne peut s'immiscer dans les chasses que dans le cas où il recevrait un ordre particulier du grand Veneur.

Capitaines forestiers régisseurs.

70. Les six Capitaines forestiers régisseurs sont nommés par le grand Veneur, qui soumet leur nomination à l'approbation de S. M. ; il leur

expédie des brevets visés par l'Intendant général : ils prêtent serment entre les mains du grand Veneur.

71. Ils reçoivent les ordres du grand Veneur pour la conservation des chasses de leur capitainerie.

72. Ils reçoivent ceux de l'Intendant général, par l'intermédiaire de l'Administrateur général des forêts, pour tout ce qui concerne la conservation des bois.

73. Ils suivent l'Empereur dans ses chasses à courre : dans les tirs ils dirigent sa chasse.

Gardes généraux, Gardes à cheval, Gardes particuliers et Portiers des domaines de la Couronne.

74. Ils sont nommés par le grand Veneur, qui leur expédie des commissions visées par l'Intendant général de la Maison de l'Empereur.

75. Ils sont spécialement chargés

de la conservation des bois et de celle du gibier.

76. Ils prêtent serment entre les mains du grand Veneur, ou dans celles de l'Administrateur général des forêts, quand il y est autorisé.

77. Ils sont assermentés devant les tribunaux compétens, conformément aux lois existantes à l'égard des délits dont ils doivent dresser procès-verbal.

CHAPITRE VI.

Fonctions et Attributions du grand Maître des Cérémonies et des Officiers et autres personnes employés dans le département des Cérémonies.

ARTICLE I.er

LE grand Maître des cérémonies jouit de toutes les prérogatives attribuées aux grands Officiers de la Couronne, et demande à S. M. des décisions sur tous les objets relatifs à ses fonctions; il règle les rangs et les préséances.

Lorsqu'il est nécessaire, pour régler les formes d'une grande cérémonie, de conférer avec d'autres grands Officiers, cette conférence a lieu chez le grand Officier désigné à cet effet par l'Empereur, et le grand Maître porte à S. M. le résultat de cette conférence.

2. Quand le concours de quelques Ministres ou des Présidens des grands Corps est nécessaire au projet de cérémonial, la conférence se tient chez un Prince de l'Empire désigné par S. M., et le grand Maître lui en porte le procès-verbal.

3. Si S. M. nomme une commission pour régler les protocoles, les étiquettes, les visites de devoir et d'usage, un Prince ou un grand

Officier la préside , et le grand Maître en porte le résultat à S. M.

4. Le grand Maître des cérémonies à deux genres différens de fonctions : les cérémonies, et l'introduction des Ambassadeurs ; chacun de ces genres se subdivise en deux.

5. Ainsi il y a grandes cérémonies publiques et solennelles , et cérémonies ordinaires ;

Introductions solennelles , et introductions ordinaires.

Cérémonies solennelles et publiques.

6. Lorsque l'Empereur ordonne une cérémonie publique et solennelle, telle qu'ont été le sacre , la réception des Membres de la Légion d'honneur, la fête du Champ-de-Mars, l'ouverture de la session du Corps législatif, la présentation

solennelle des grands Corps de l'État, de tous les Préfets, de tous les Présidens de Colléges électoraux, la fète de l'Hôtel-de-ville, et telle que seraient un banquet solennel, un baptême, un mariage ou un catafalque pour un Prince, ou un *Te Deum*, lorsque l'Empereur y assiste.

7. Le grand Maître dresse le projet de cette cérémonie, en règle le lieu, le temps, la marche, les formalités, y assigne les places et rangs de chacun, suivant les localités et l'ordre de préséance combiné avec la nécessité du service.

8. Lorsque le projet est fait, il le présente à S. M.

9. Quant le projet est approuvé par S. M., le grand Maître écrit et signe le cérémonial; il l'envoie aux Princes, Princesses de la Famille impériale ou de l'Empire, Ministres, grands

grands Officiers , Présidens des Corps , Préteur du Sénat , Secrétaire général du Conseil d'état , et aux premiers Chambellans des Princes ; et si l'Impératrice et les Princesses participent à cette cérémonie , il leur adresse , ainsi qu'aux Dames d'honneur , le cérémonial.

10. Chaque grand Officier transmet copie de ce cérémonial aux Officiers qui sont sous lui.

11. La Dame d'honneur le transmet également aux Dames , et les premiers Chambellans des Princes aux Officiers de leur maison. Le grand Maître explique à chacun ce qu'il doit faire , et la place qu'il doit occuper dans la cérémonie ; il dit à chacun des grands Officiers ce qu'ils doivent fournir de Pages , d'Huissiers , de Valets - de - pied , d'effets , de voitures , de chevaux ; les

L

dispositions et les travaux qu'exige la cérémonie, si elle a lieu dans le Palais.

12. Il règle le costume dans lequel on doit y paraître.

13. Il règle le nombre et l'ordre des troupes du cortége ou des escortes, ainsi que les salves d'artillerie, et en prévient le Ministre de la guerre, le Gouverneur de Paris, et le Colonel général de la Garde.

14. Le grand Maître fait faire par le dessinateur des cérémonies, les dessins nécessaires aux grandes cérémonies, et les présente à S. M. Il indique des répétitions, et y fait apprendre les marches, évolutions et positions, par le répétiteur des cérémonies.

15. Le grand Maître fait faire par un architecte les plans des constructions et travaux du local destiné

à la cérémonie ; il fait faire le devis de ces travaux , des décorations et des ornemens nécessaires pour la cérémonie.

16. Lorsque le grand Maître a arrêté provisoirement ces plans et devis, il demande à S. M. son approbation et une décision pour les fonds qu'elle destine pour cette cérémonie , et transmet cette décision à l'Intendant général de la Maison , et au Trésorier général de la Couronne.

17. Le jour de la cérémonie, le grand Maître fait exécuter ponctuellement toutes les parties du cérémonial ; il se tient pendant la cérémonie en avant et près de S. M., et prend ses ordres à chaque partie de la cérémonie.

18. Pour tout ce qui a rapport aux cérémonies religieuses, le grand

Maître se concerte avec le grand Aumônier.

19. Lorsque le Sénat, le Conseil
d'état, le Corps législatif, la Cour
de cassation, la Comptabilité na-
tionale, l'Institut national, doivent
venir chez l'Empereur, en corps ou
en députation, ils s'adressent au
grand Maître, qui prend les ordres
de S. M. et les leur transmet, après
en avoir instruit le Prince de l'Empire qui doit les présenter.

20. Le grand Maître les introduit, et les annonce au Prince, qui
les présente.

Cérémonies ordinaires.

21. Les cérémonies ordinaires
sont les audiences données aux
députations partielles des grands
Corps de l'État et des Assemblées
électorales de département.

22. Lorsque les Corps veulent envoyer une députation partielle, ils s'adressent au grand Maître, qui prend les ordres de S. M. et les leur transmet.

23. Le grand Maître n'exerce chez l'Impératrice de fonctions, que lorsqu'il en a l'ordre de l'Empereur; dans tout autre cas, la Dame d'honneur et le Chambellan introducteur remplissent les fonctions chez elle; le grand Maître seulement va prendre ses ordres pour chaque cérémonie, et lui en présente le cérémonial.

24. Lorsque l'Empereur va à la messe, le grand Maître, s'il s'y trouve, le précède dans sa marche.

Introduction des Ambassadeurs et des Étrangers.

25. Le grand Maître dresse les projets de cérémonial relatifs à la

réception des Princes souverains ou héréditaires , et des Ambassadeurs ou Ministres étrangers, et il les fait exécuter lorsqu'ils ont été approuvés par S. M.

26. Lorsqu'un Prince ou un Ambassadeur doivent être présentés à S. M., le Ministre des relations extérieures en informe le grand Maître, et écrit au Prince ou à l'Ambassadeur ou au Ministre étranger de s'adresser au grand Maître ; celui-ci demande à S. M. le jour et l'heure de l'audience, et il en informe le Prince ou l'Ambassadeur, ou le Ministre étranger ; il écrit en même temps aux Princes, Dignitaires, Ministres, grands Officiers et autres personnes qui doivent se trouver à l'audience suivant le cérémonial. Les mêmes formes se suivent pour les audiences de congé.

Introductions solennelles.

27. Les introductions solennelles sont celles où le Prince, l'Ambassadeur, ou le Ministre étranger, doivent être présentés en cérémonie.

28. Suivant le cérémonial réglé, le grand Maître va visiter le Prince ou l'Ambassadeur, ou envoie un introducteur le visiter. Si l'Empereur charge un grand Officier d'accompagner le Prince, le grand Maître en informe le Prince et ce grand Officier.

29. Le jour de l'audience, le grand Maître veille à ce que toutes les formalités prescrites par le cérémonial soient observées ponctuellement ; il donne les instructions nécessaires aux Chambellans de service, et indique à chacun la place qu'il doit occuper.

30. Lorsque l'Ambassadeur ou le Ministre étranger ont une audience particulière, le grand Maître, après avoir pris les ordres de S. M., les transmet à ceux des Princes ou grands Officiers que S. M. veut désigner pour assister à cette audience.

31. Lorsque l'audience est secrète, et presque toujours elle l'est pour les Princes, le grand Maître sort du cabinet après y avoir introduit le Prince, l'Ambassadeur ou le Ministre étranger.

Introductions ordinaires.

32. Les introductions ordinaires sont celles du Corps diplomatique dans les audiences ordinaires, et les introductions pour prendre congé.

33. Le grand Maître prend à cet égard les ordres de S. M. pour le

jour et l'heure de l'audience, en informe ceux qui doivent y assister, et veille à l'observation de ce qui est réglé dans le cérémonial.

34. Le grand Maître fait dresser des Procès-verbaux exacts de chaque introduction solennelle ou ordinaire; il les signe, et présente à la fin de chaque année à S. M. le recueil de ceux dont la collection doit former le nouveau cérémonial français.

35. Outre les registres des procès-verbaux, le grand Maître tient dans ses bureaux des registres pour la correspondance relative aux introductions et pour celle qui est relative aux cérémonies; il tient enfin un registre pour la comptabilité de son département.

36. Le grand Maître présente à la fin de chaque année à S. M. le

compte des recettes et dépenses de son département, et son projet de budget pour l'année suivante.

Fonctions des Officiers et des personnes employés sous le grand Maître des Cérémonies.

37. Deux Maîtres des cérémonies, introducteurs des Ambassadeurs. Les deux Maîtres des cérémonies ne servent ensemble que dans les grandes cérémonies publiques et solennelles; dans tout autre cas, ils sont alternativement de service par trois mois. Le Maître des cérémonies, d'après les ordres du grand Maître, va visiter les Princes, les Ambassadeurs, les Ministres, les informe des jour et heure d'audience, et fait les mêmes communications aux grands Officiers et aux Chefs des corps, lorsque le grand Maître l'en charge; il ac-

compagne les Ambassadeurs dans les voitures impériales.

38. Il reçoit dans le Palais, les Princes, Ambassadeurs, les Ministres et Envoyés, le Corps diplomatique, les grands Corps de l'État, dans les salles où ils attendent l'heure de l'audience.

39. Il les accompagne dans les appartemens, précède le grand Maître lorsqu'il marche, entre avec lui dans la salle du Trône pendant les audiences publiques, et reste à la porte du cabinet dans les audiences particulières.

40. Le Maître des cérémonies occupe dans la cérémonie la place que lui assigne le cérémonial ; et, sous les ordres du grand Maître, il veille aux travaux, aux préparatifs de la cérémonie, et à l'observation du cérémonial pendant la cérémonie.

41. Le Maître des cérémonies, en cas d'absence ou de maladie du grand Maître, le remplace dans ses fonctions, et notamment au Conseil de la maison, suivant le réglement relatif à ce Conseil.

42. Les Maîtres des cérémonies sont Officiers civils de la maison, et ils prêtent serment entre les mains de S. M.

Les Aides des Cérémonies, Secrétaires à l'introduction des Ambassadeurs.

43. Ils servent par semaine, accompagnent et précèdent les Princes, les Ambassadeurs et Ministres étrangers, sont dans les voitures qui les précèdent, et les accompagnent ainsi que les corps de l'État aux audiences publiques.

44. Dans les cérémonies, ils sont chargés de suivre la confection des

travaux

travaux, la disposition des places, de faire fournir les décorations , meubles et ornemens nécessaires, de surveiller l'observation des formes prescrites par le cérémonial ; ils sont à la tête des cortéges et en dirigent la marche.

45. Lorsque le grand Maître les en charge, ils vont visiter les Ministres étrangers, et font les invitations accoutumées ; ils dressent les procès-verbaux des cérémonies et de l'introduction, et notent, tant à l'intérieur qu'à l'extérieur, tout ce qui y a manqué ou y a été innové.

46. Ils suppléent le Maître des cérémonies dans ses fonctions ; ils dirigent la rédaction de ses registres, sa correspondance ; l'un d'eux est spécialement chargé de la comptabilité.

Un Chef de Hérauts et quatre Hérauts d'armes.

47. Ils remplissent à-la-fois les fonctions de Messagers d'état et de Hérauts.

48. Comme Messagers, ils portent les lois au Sénat, au Corps législatif, et sont sous les ordres du Ministre Secrétaire d'état.

49. Comme Hérauts, ils précèdent les cortéges dans les grandes cérémonies, se tiennent au bas du Trône; ils font les proclamations publiques pour la paix, la guerre, les grands événemens, appellent aux sermens publics ceux qui doivent les prêter, et font les largesses au peuple lorsque l'Empereur en ordonne : à la guerre, ils sont chargés des messages pour parlementer, pour faire les sommations, pour déclarer la guerre, pour publier les trèves.

BUREAU.

Personnes brevetées par le grand Maître.

50. Le Secrétaire des cérémonies. Il tient le bureau, les registres des adresses, la liste des personnes en place et des étrangers, surveille le travail des Employés, fait faire les imprimés, les cartes, les fournitures du bureau, les billets d'invitation, fait les expéditions, la correspondance générale, journalière, et veille à l'exactitude de la transcription sur les registres, et à l'ordre dans les archives.

51. Le Dessinateur des cérémonies fait tous les dessins nécessaires pour les costumes, les ornemens et les évolutions dans les cérémonies.

52. Le Répétiteur des cérémonies, dans les répétitions, doit en-

seigner à tous ceux qui figurent dans les grandes cérémonies, ce qu'ils doivent faire pour la symétrie des groupes, l'ordre des évolutions, la distance dans les marches, et la dignité dans les mouvemens.

CHAPITRE VII.

Du Service de la Garde impériale et des Colonels généraux.

GARDE IMPÉRIALE.

ARTICLE I.er

LA composition de la Garde impériale est réglée par le décret impérial sur son organisation.

2. Par-tout où les troupes de la Garde impériale se trouvent réunies avec celles de la ligne, elles ont la droite, et le poste d'honneur leur est déféré.

3. Les Officiers et Sous-officiers de la Garde impériale ont, à grade égal, le commandement sur les Officiers et Sous-Officiers des Corps de ligne, lorsqu'ils se trouvent réunis dans un poste pour le même service.

4. Lorsque S. M. accorde à quelques Corps de la ligne l'honneur de participer à la garde de sa personne, les troupes de la Garde impériale conservent toujours la droite, et sont placées dans les postes qui rapprochent le plus de S. M.

5. Lorsqu'un Corps ou détachement de la Garde impériale voyage, s'il rencontre en route un Corps ou détachement des troupes de ligne, ce dernier se met en bataille et porte les armes, ou met le sabre à la main s'il est de cavalerie ; les drapeaux et étendards saluent ; les tambours

battent aux champs, et les trompettes sonnent la marche, jusqu'à ce que les troupes de la Garde impériale soient passées.

Les Colonels ou Commandans de détachement se saluent réciproquement.

Dans ce cas, le Corps de la Garde impériale rend les mêmes honneurs qu'il reçoit du Corps de troupe de ligne ; mais il n'arrête pas sa marche.

6. Lorsqu'un Corps ou détachement de la Garde impériale est dans une place ou à l'armée, le Commandant de ce Corps ou détachement fournit seulement l'état de situation en hommes et chevaux au Commandant de la place ou de l'armée, si cet Officier supérieur n'appartient pas à la Garde de S. M. ; mais si c'est dans une place assiégée, les Corps ou détachemens de la Garde impériale

qui s'y trouvent, reçoivent, comme les autres Corps de la garnison, des ordres de service, pour contribuer à la défense générale, du Commandant supérieur dans la place.

7. Lorsque des détachemens des divers Corps de la Garde impériale sont momentanément détachés dans une armée qui est commandée par un Colonel général de la Garde impériale, tous ces détachemens sont sous ses ordres pour les détails du service, de la police et discipline, &c., comme les autres troupes de l'armée, mais seulement en l'absence du Colonel général de service près S. M.

8. Lorsque l'Empereur traverse une rivière, ou qu'étant dans un port de mer, il va se promener dans le port ou en rade, les troupes de la Garde impériale ont exclusivement la garde du bateau qui porte S. M.

9. Hors du Palais, la Garde impériale présente les armes et borde la haie pour l'Empereur et l'Impératrice ; elle les porte, et se met en bataille, pour les Princes et Princesses de la Famille impériale et de l'Empire ; les trompettes sonnent la marche, et les tambours battent aux champs.

Elle prend aussi les armes et les porte pour les Colonels généraux de la Garde, les tambours rappellent, et les trompettes sonnent des appels.

10. Lorsque l'Empereur est à l'armée, les postes fournis par la Garde impériale prennent les armes et les portent pour le Général en chef, et ils sortent sans armes pour les autres Généraux ; les tambours ne battent pas, et les trompettes ne sonnent pas.

Lorsque l'Empereur n'est pas à l'armée, les postes fournis par la Garde impériale rendent aux Généraux en chef et autres les mêmes honneurs que rendent les troupes de la ligne.

Les postes fournis par la Garde impériale hors du Palais de S. M. ou à l'armée, rendent aux Maréchaux d'Empire les mêmes honneurs qui sont attribués aux Généraux en chef.

11. Dans les voyages, lorsqu'un ou plusieurs Colonels généraux de la Garde accompagnent à cheval S. M. qui est en voiture, ils se placent aux portières de droite et de gauche; et les Officiers de la Garde impériale, s'il y en a, se placent en avant ou en arrière du Colonel général et du même côté que lui.

12. Le rang et les entrées des

Généraux commandans des Corps, et des Officiers supérieurs de la Garde impériale dans les Palais de S. M., sont réglés par le titre du Cérémonial et des entrées.

COLONELS GÉNÉRAUX.

13. Les Colonels généraux prêtent le serment de fidélité entre les mains de l'Empereur, et ils reçoivent, au nom de S. M., le serment des Officiers, Sous-officiers et Gardes, chacun pour l'arme qu'il commande.

14. Les Colonels généraux ont l'honneur de présenter à S. M. les militaires de tout grade nouvellement admis dans la Garde, ainsi que les Officiers et Sous-officiers promus à de nouveaux grades.

15. Ils reçoivent tous les ans du Ministre de la guerre la liste des militaires de tout grade proposés

par les différens Corps de l'armée, pour faire partie de la Garde ; et après avoir désigné, parmi les plus dignes, ceux qui réunissent toutes les qualités exigées par le décret impérial sur l'organisation de la Garde, ils renvoient les listes au Ministre de la guerre, en lui demandant que les lettres de passe soient données aux candidats proposés. Ils ne sont définitivement admis qu'après avoir été présentés, à la parade, à S. M., qui ordonne qu'ils soient inscrits sur la matricule du Corps ; jusqu'alors ils sont inscrits sur une matricule provisoire.

16. Les Officiers et Sous-Officiers nommés à des emplois dans la Garde, ou promus à de nouveaux grades, sont présentés à S. M. à la parade, et ne sont inscrits sur la matricule du Corps, avec leur nouveau grade,

qu'après cette présentation. Ils sont ensuite reconnus à la tête de leur Compagnie ou Bataillon, également à la parade.

17. Les Colonels généraux de la Garde surveillent l'administration des Corps dont le commandement leur est confié, en dirigent l'instruction, la police et la discipline, conformément au décret impérial sur l'organisation de la Garde, et en rendent compte directement à S. M.

18. Ils ont l'honneur de travailler directement avec S. M. pour tout ce qui a rapport à leur commandement: ils proposent l'admission et promotion à de nouveaux grades des Officiers et Sous-officiers.

Ils approuvent la nomination des simples Gardes pour des places de Sous-officiers, sur la présentation des Colonels commandans des Corps.

Ils

Ils présentent à S. M. les mémoires de proposition pour les soldes de retraite, pensions ou récompenses, et demandent des lettres de passe pour un autre emploi, à l'égard des militaires de la Garde impériale qui sont dans le cas d'en obtenir.

19. Les Colonels généraux font fournir tous les jours par les Corps de la Garde impériale, le nombre d'hommes nécessaire pour la garde du Palais que LL. MM. occupent, d'après la demande que leur fait à ce sujet le grand Maréchal du Palais.

20. Les Colonels généraux font près de S. M. le service par quartier ou par semaine.

21. Dans les cérémonies, si S. M. est en voiture, deux Colonels généraux de la Garde se placent à la portière de droite, et deux à la portière de gauche.

N

Si S. M. est à cheval, ils la suivent tous quatre immédiatement; le grand Écuyer, ou l'Officier qui le remplace, suit aussi S. M. immédiatement, et il est placé au milieu d'eux.

A la chasse, le Colonel général de service court derrière S. M. et est à droite; il partage la croupe de son cheval avec le grand Ecuyer; le grand Veneur précède S. M.

Dans les audiences et cérémonies, lorsque S. M. est debout, ou sur son trône, les Colonels généraux sont placés derrière elle, ou à droite et à gauche, et d'après le cérémonial arrêté.

22. Les Colonels généraux sont de la Maison civile et militaire de l'Empereur, et ils jouissent, dans l'intérieur du Palais que S. M. occupe, des mêmes entrées que les grands Officiers de la Couronne; ils

assistent au lever et au coucher de S. M., et jouissent des mêmes prérogatives que MM. les grands Officiers de la Couronne.

23. Quand ils voyagent isolément par mission de S. M., ils reçoivent les mêmes honneurs que les Maréchaux d'Empire qui ont un commandement, lorsqu'ils font leur première entrée.

24. Les Colonels généraux font le service d'honneur comme les grands Officiers de la Couronne.

25. Dans les voyages, les Colonels généraux montent dans les voitures de l'Empereur.

COLONEL GÉNÉRAL DE SERVICE.

26. Le Colonel général de service près de l'Empereur, reçoit directement de S. M. les ordres relatifs au service des divers Corps de

la Garde impériale, et il les transmet aux trois autres Colonels généraux de la Garde en ce qui les concerne.

27. Le Colonel général de service
ne quitte jamais l'Empereur depuis
qu'il sort de son appartement jusqu'au moment où S. M. y rentre.

Il marche toujours derrière l'Empereur, sans que qui que ce soit
puisse passer entre S. M. et lui, soit
dans une cérémonie publique, soit
dans les voyages, afin que rien ne
l'empêche d'avoir toujours la vue
sur sa personne.

28. Le jour du grand couvert,
et dans les audiences publiques ou
réceptions, il se tient immédiatement derrière S. M.

Il accompagne l'Empereur au
Conseil d'état, et y reste jusqu'à ce
que S. M. se retire.

L'Empereur est sous la garde unique du Colonel général de service, lorsque S. M. est hors du Palais.

29. Dans un passage de défilé, ou sur un pont étroit, le Colonel général de service précède S. M., et le grand Écuyer la suit immédiatement.

30. Le Colonel général de service, répondant de la personne de l'Empereur, ne néglige rien de ce qui peut contribuer à sa plus grande sûreté.

A l'armée ou en voyage, il fait disposer les piquets d'escorte qui doivent accompagner S. M., et les fait renouveler lorsqu'il est nécessaire ; il donne aussi des ordres pour que des factionnaires soient établis dans les lieux où S. M. juge à propos de s'arrêter, et se pourvoit de Gardes.

31. Dans les reconnaissances ou bivouacs où S. M. se trouve, il fait éclairer la marche de l'Empereur, et donne des ordres pour le service militaire qui doit être fait près de sa personne.

32. Toutes les fois que l'Empereur couche hors de ses Palais impériaux, le Colonel général veille à la garde de S. M., et remplit les mêmes fonctions que le grand Maréchal du Palais. Dans les reconnaissances, aux bivouacs dans les quartiers généraux, il a soin de faire éclairer la marche, et donne les ordres pour le service militaire et la sûreté de l'Empereur.

A l'armée, le Colonel général de service doit toujours se pourvoir de guides.

33. Le Colonel général de service donne des ordres à la Gen-

darmerie d'élite lorsque l'Empereur va à la chasse et dans les voyages ; et il prévient, s'il le juge nécessaire, le premier Inspecteur général de Gendarmerie, du déplacement de S. M., pour que, s'il y a lieu, il soit donné des ordres à la Gendarmerie départementale.

34. Le Colonel général de service reçoit des mains de S. M. les placets et pétitions qui lui sont présentés ; il les remet dans le cabinet de l'Empereur, ou à la personne désignée à cet effet.

35. Le Colonel général de service est prévenu de toutes les cérémonies qui doivent avoir lieu, par les Officiers de la Couronne qui sont chargés de les diriger.

36. Quand l'Empereur donne audience à un Ambassadeur, le Colonel général de service va le

recevoir à la porte de la salle des Gardes. Il prend ensuite la droite, marche deux pas en avant, entre le premier dans tous les appartemens, jusque dans celui que S. M. occupe, et se tient à l'écart pendant l'audience.

Après qu'elle est finie, il reconduit l'Ambassadeur jusqu'à la salle des Gardes, et sort le dernier des appartemens.

37. Le Colonel général de service a l'honneur de présenter à S. M. les députations militaires et corps d'Officiers qui sont admis à son audience, en l'absence du Connétable et du grand Amiral et des Ministres de la Guerre et de la Marine.

38. Le Colonel général de service fait fournir, par les Corps de la Garde impériale, les postes d'honneur et de service ordinaire dans

les palais des Princes et Princesses de la Famille impériale ou de l'Empire, ou des Princes étrangers que S. M. veut honorer.

Il reçoit journellement les rapports des Commandans de ces postes.

39. Lorsque l'Empereur fait son entrée dans une ville, s'il ne rend pas les clefs d'honneur à la personne qui les lui présente, le Colonel général de service les reçoit des mains de l'Empereur, et il les garde jusqu'à ce que S. M. en ait disposé.

40. A l'armée, le Colonel général de service prend directement les ordres de S. M. pour la destination que doivent avoir les prisonniers de guerre, et il les transmet de la part de l'Empereur au Général en chef.

41. Il ne peut entrer dans le

Palais que S. M. occupe, aucune autre troupe que celle commandée pour le service du jour, sans que le Colonel général de service en soit instruit : dans ce cas, il doit l'être avant l'exécution de l'ordre qui l'a fait avancer ; mais si le Colonel n'est pas prévenu ou s'il en ignore le motif, il doit, et peut, de son autorité, faire retirer cette troupe.

42. Le Colonel général de service assiste au lever et au coucher de S. M.

Lorsque l'empereur se couche ou se lève, l'Officier de la garde-robe, ou le Valet-de-chambre de service, en prévient de suite le Colonel général.

43. Le Colonel général de service est toujours monté des écuries de l'Empereur, soit à la chasse, soit à l'armée et par-tout ailleurs.

Il est aussi admis à l'honneur de monter dans la voiture de S. M.

44. Le Colonel général de service est logé dans le Palais de S. M., de préférence à tout autre officier de la Couronne, et aussi près que possible des appartemens de l'Empereur, soit dans les Palais impériaux, soit en voyage.

A l'Armée, il couche dans la tente de l'Empereur.

CHAPITRE VIII.

Des Aides-de-camp de l'Empereur.

ARTICLE 1.er

L'EMPEREUR a douze Aides-de-camp. Ils prennent rang entre eux, indépendamment de leur grade militaire, mais par leur ancienneté de service auprès de S. M.

2. Il y en a au moins quatre de

service par trimestre; ils sont désignés par l'Empereur, le premier
de chaque trimestre, et sans aucun
tour de droit.

3. Les Aides-de-camp de l'Empereur sont de sa maison civile et
militaire; ils ont des fonctions spé-
ciales et extraordinaires.

4. Il y a toujours un Aide-de-
camp de jour auprès de l'Empereur;
il est relevé toutes les vingt-quatre
heures, au moment du coucher de
l'Empereur : l'Aide-de-camp entrant
et celui sortant doivent s'y trouver
et prendre ses ordres.

5. L'Aide-de-camp de jour doit
avoir toujours un cheval sellé ou
une voiture attelée, dans une remise du Palais et à portée, pour
pouvoir être à même de remplir les
commissions que l'Empereur vou-
drait lui donner.

6.

6. Depuis le moment où l'Empereur est couché, l'Aide-de-camp de jour est plus spécialement chargé de la garde de sa personne, et il couche dans la pièce voisine de celle dans laquelle S. M. repose.

7. Toute dépêche arrivant la nuit pour l'Empereur, est remise à l'Aide-de-camp de jour : qui que ce soit ne peut entrer dans la pièce dans laquelle S. M. repose, ni dans celle dans laquelle l'Aide-de-camp couche, et dont il tient la porte fermée en dedans par un verrou : il va recevoir dans le premier salon, ou dans la pièce qui précède, la personne qui veut lui parler ou lui remettre une dépêche ; en revenant, il ferme le verrou sur lui, pour s'assurer que l'on ne peut pas le suivre ni dans son appartement ni dans la chambre à coucher de l'Empe-

reur, et alors seulement il gratte à la porte de la chambre de l'Empereur.

8. L'Aide-de-camp de jour peut introduire les personnes qui ont à parler à S. M., soit qu'elle se tienne dans le grand appartement de représentation ou dans celui d'honneur, ou dans l'intérieur; mais il ne le fait que par une commission spéciale de l'Empereur. Le service des Aides-de-camp étant un service d'exception, personne ne peut trouver mauvais ce qu'ils font.

9. Quand, d'après l'ordre de l'Empereur, l'Aide-de-camp de jour doit lui parler, il peut se présenter à la porte de l'appartement dans lequel se trouve S. M., soit intérieur, soit l'appartement d'honneur ou de représentation; mais quand ce n'est pas pour affaire pressante ou par ordre de l'Empereur, l'Aide-de-

camp de jour doit se faire introduire par le Chambellan.

10. Quant S. M. sort avec un piquet et qu'elle a demandé deux voitures, l'Aide-de-camp de jour se place dans la seconde avec le Chambellan de jour.

11. A la chasse à tir, l'Aide-de-camp de jour se tient à cheval derrière l'Empereur; aux rendez-vous de chasse il prévient, en l'absence du grand Maréchal du Palais ou du grand Veneur, les personnes qui peuvent s'asseoir à la table de S. M.; il remplit aussi les fonctions de Chambellan.

12. L'Aide-de-camp de jour qui accompagne à cheval la voiture dans laquelle se trouve S. M., se place sur un des côtés, de manière à pouvoir être prêt à recevoir les ordres de S. M., mais sans prétendre aux

places des Officiers du service d'honneur auxquels elles appartiennent.

13. Dans les cérémonies, la place des Aides-de-camp est fixée par le cérémonial.

14. Dans les parades et mouvemens militaires, les Aides-de-camp marchent devant l'Empereur; celui de jour se tient immédiatement devant et à six pas.

15. Les jours de parade, manœuvres ou mouvemens militaires, l'Aide-de-camp de jour entre dans le même salon que les grands Officiers de l'Empire, à titre de service.

16. A l'armée, les Aides-de-camp de l'Empereur font le service de Chambellans.

17. Les Aides-de-camp de l'Empereur doivent parfaitement con-

naître les manœuvres de toutes les armes.

Ils reçoivent le commandement de l'Empereur *chapeau à la main;* ils le lui répètent, et ne partent que lorsqu'ils se sont aperçus que S. M. l'approuve. Quel que soit le grade de l'Officier auquel ils portent le commandement de l'Empereur, ils le lui rendent *le chapeau à la main;* ils se le font répéter, et ne reviennent pas auprès de S M. avant que l'exécution de ce commandement soit ordonnée.

18. A l'armée, les Aides-de-camp de l'Empereur portent directement les ordres à l'Officier qui commande en chef ou à tout autre Officier inférieur, en faisant connaître cependant que c'est par ordre exprès de l'Empereur, toutes les fois que cela serait contraire à la hiérarchie militaire.

19. A l'armée, les corps doivent des visites de corps aux quatre Aides-de-camp de service près de l'Empereur.

20. Au bivouac, il sont spécialement chargés de veiller à tout ce qui peut être relatif à la commodité de l'Empereur, et de prendre toutes les mesures pour l'entretien des feux, se procurer l'eau-de-vie et les vivres de campagne, toutes les fois que l'Empereur n'aurait point sa cuisine et vivrait de l'ordinaire du soldat.

21. Rien n'est au-dessous des Aides-de-camp pour le service ; et comme il n'y en a aucun si élevé qu'ils ne puissent remplir, il n'y en a aussi aucun, quelque inférieur qu'il soit, dont ils ne puissent être chargés, puisque leurs fonctions sont toutes de service spécial et extraordinaire.

TITRE II.

De la Distribution des Appartemens, et des Entrées dans chacun d'eux.

L_E Palais impérial des Tuileries est distribué en

Grand appartement de représentation,

Appartement ordinaire de l'Empereur,

Appartement ordinaire de l'Impératrice.

CHAPITRE Ier

Grand Appartement de représentation.

ARTICLE Ier

Le grand Appartement de représentation se compose,

D'une salle de concert,

D'un premier salon,

D'un second salon,

D'une salle du Trône,

Du salon de l'Empereur,

Et d'une galerie.

2. Tous les individus admis aux audiences de S. M. ou appelés pour une fonction, entrent dans le premier salon.

Les Pages se tiennent dans la salle de concert.

3. Tous les Officiers du service d'honneur de LL. MM., ceux des maisons des Princes et Princesses de la Famille impériale ou de l'Empire, lorsqu'ils les accompagnent, les membres du Sénat et du Conseil d'état, les Généraux de division, et Archevêques et Évêques, entrent de droit dans le second salon. Tout autre individu n'y entre que par l'ordre du Chambellan de jour.

4. Les Princes et Princesses de la Famille impériale et de l'Empire, les Ministres, les grands Officiers de l'Empire, les Présidens du Sénat, du Corps législatif, et les individus qui en reçoivent le privilége particulier de l'Empereur, entrent de droit dans la salle du Trône.

5. Lorsque S. M. l'Impératrice reçoit dans la salle du Trône, les Dames d'honneur, d'atours et du Palais ont le droit d'y entrer.

6. Les Dames d'honneur ou de service près des Princesses, les accompagnent lorsqu'elles entrent dans la salle du Trône.

7. Les hommes et les Dames saluent le Trône en traversant la salle où il est placé.

8. L'Empereur et l'Impératrice seuls entrent dans le salon de l'Empereur; tout autre individu, quels

que soient son rang et ses fonctions, n'y entre que lorsque S. M.
le fait appeler.

Le Chambellan de jour y entre
pour prendre les ordres de LL. MM.;
mais il en fait demander la permission par un Huissier.

9. Lorsque LL. MM. ne se trouvent pas dans le grand appartement
de représentation, les Officiers du
service d'honneur de LL. MM. et
les Pages peuvent le traverser et
communiquer pour leur service.

10. Lorsqu'il n'y a personne dans
le grand appartement de représentation, le Chambellan de jour peut
se tenir dans la pièce qui lui con-
vient, excepté le salon de l'Empereur.

11. Il peut se trouver dans celle
du Trône lorsqu'il y a des Dames; et
il doit veiller à ce que les meubles

en soient disposés de manière qu'il y ait des fauteuils pour LL. MM., des chaises pour les Princesses, des tabourets pour les dames et pour les autres personnes.

12. En règle générale, personne n'a plus le droit d'entrer dans la pièce où se trouvent LL. MM, quel qu'il soit.

Les Huissiers ne doivent demander des ordres à LL. MM. que pour y laisser entrer les grands Officiers de la Couronne, ou les Officiers de service, où les Dames d'honneur, d'atours et du Palais de service, et seulement pour prendre les ordres de LL. MM.

Ils renvoient au Chambellan de jour tout autre individu qui se présente pour entrer.

13. La livrée n'entre et ne fait le service dans aucune des pièces

où se trouvent LL. MM. et où elles entrent habituellement. Les Huissiers et les Valets-de-chambre font le feu, allument et éteignent les bougies, et font tous les services.

CHAPITRE II.

Appartement ordinaire de l'Empereur.

14. L'appartement ordinaire de l'Empereur se divise en appartement d'honneur et appartement intérieur.

15. L'appartement d'honneur se compose d'une salle des Gardes, d'un premier salon et d'un second salon.

16. L'appartement intérieur se compose d'un cabinet de travail, d'un arrière-cabinet, d'un bureau topographique, et d'une chambre à coucher.

17.

17. Les Huissiers font le service de l'appartement d'honneur, et les Valets-de-chambre celui de l'appartement intérieur.

18. Dans la salle des Gardes se tiennent les Pages de service, un Sous-officier du piquet de la Garde à cheval. Il n'y entre aucun domestique; un portier d'appartement en tient la porte.

19. Le Colonel général de service, les grands Officiers de la Couronne, l'Aide-de-camp de jour, le Chambellan de jour, le Préfet de service, l'Écuyer de service, entrent de droit dans le premier salon.

20. Le Chambellan de jour fait entrer dans le premier salon, ou dans celui que leur désigne S. M., les personnes admises à son audience, ou appelées pour affaires de service et travailler.

P

21. Lorsque le Chambellan de jour a besoin de prévenir S. M., qui se trouve dans son appartement intérieur, il traverse le salon de l'Empereur et frappe à la porte de l'appartement intérieur; cependant lorsqu'il ne s'agit que d'annoncer à S. M. l'arrivée d'un Officier de sa maison ou d'un Ministre qu'elle aurait fait demander, ou enfin du Ministre secrétaire d'état qui vient habituellement travailler avec elle, il suffit que le Chambellan de jour en prévienne l'Huissier de service qui annoncera à S. M. Le Chambellan aura soin de faire entrer ces personnes dans le salon de l'Empereur, afin que S. M. les y trouve lorsqu'elle sortira de son appartement intérieur.

L'Aide-de-camp, le Préfet et l'Écuyer de service qui auraient à prendre les ordres de S. M. ou à la prévenir pour leur service, peuvent le faire directement, sans passer par l'intermédiaire du Chambellan.

Le Préfet et l'Écuyer qui viennent annoncer à S. M. qu'elle est servie ou que ses voitures et chevaux sont prêts, lorsqu'elle est dans son appartement intérieur, pourraient même le dire à l'Huissier de service, afin de déranger le moins possible S. M. en se faisant introduire auprès d'elle.

22. Un Gardien du porte-feuille tient la porte de l'arrière-cabinet.

Le Chambellan de jour peut aussi faire prévenir S. M. par cette porte, mais sans entrer dans l'intérieur, à moins que cela ne lui soit ordonné.

23. Le Gardien du porte-feuille ne laisse entrer dans l'arrière-cabinet que par ordre de l'Empereur la

personne qui en aurait obtenu le droit.

24. Personne ne peut traverser le cabinet dans lequel S. M. travaille ordinairement, et où sont ses papiers. Aucun individu, quels que soient son rang et ses fonctions, ne doit y entrer, sous quelque prétexte que ce soit, à moins d'y être appelé par l'Empereur; et il doit se retirer si, pendant qu'il y est, S. M. pour quelques affaires, venait à en sortir.

Le gardien du porte-feuille fait tout le service du cabinet; il a soin de tenir tous les verroux fermés et de n'ouvrir à qui que ce soit.

25. Les Chambellans de jour près de l'Empereur donnent les ordres pour l'arrangement du grand appartement et l'appartement d'honneur. Ils doivent avoir soin d'ordonner que chaque meuble soit disposé

comme cela est nécessaire pour le service du jour.

26. Un Valet-de-chambre veille au grand appartement, un autre à l'appartement ordinaire de l'Empereur, et ils sont responsables vis-à-vis du Chambellan si tout n'est pas en ordre. Les frotteurs doivent entrer dans les appartemens au lever du soleil, pour les faire.

27. Pendant le même temps, les Valets-de-pied-feutiers arrangent les feux et apportent le bois; les gens de l'éclairage préparent les bougies et les quinquets; les Huissiers arrangent les tables pour le travail.

28. Si S. M. a besoin d'une table pour écrire ou pour tenir conseil dans son salon, les Huissiers du cabinet la préparent.

29. Une heure avant le lever de

l'Empereur, un des Chambellans de jour fait la visite du grand appartement ; il se fait accompagner par les Huissiers et les Valets-de-chambre de service.

L'autre Chambellan de jour fait la visite de l'appartement d'honneur.

30. Lorsque S. M. est levée et habillée, les Valets-de-chambre font son lit, et font entrer les frotteurs par les couloirs, de manière qu'ils ne traversent jamais l'appartement d'honneur, dans la chambre à coucher, pour la faire approprier en leur présence.

CHAPITRE III.

Appartement ordinaire de l'Impératrice.

31. L'appartement ordinaire de l'Impératrice se divise en appartement d'honneur et en appartement intérieur.

32. L'appartement d'honneur se compose d'une salle des gardes, d'un premier salon, d'un second salon, du salon de l'Impératrice, d'une salle à manger et d'une salle de concert.

33. L'appartement intérieur se compose d'un salon, de la chambre à coucher, du cabinet de toilette et du boudoir.

34. Les Huissiers de l'Impératrice font le service avec les Valets-de-chambre dans l'appartement d'honneur.

35. Les femmes de l'Impératrice font le service de l'appartement intérieur.

36. Les Pages de service restent dans la salle des gardes.

37. Les Officiers du service d'honneur de la maison de l'Empereur et de celle de l'Impératrice,

entrent dans le premier salon, ainsi que toutes les personnes appelées ou admises à l'audience de S. M.

38. Les Princesses de la Famille impériale ou de l'Empire, les Dames d'honneur ou d'atours, les Dames du Palais, les Dames attachées au service d'honneur des Princesses, les Dames épouses des grands Officiers de l'Empire, entrent de droit dans le second salon.

39. Les Princes de la Famille impériale et de l'Empire,

Les grands Officiers de la Couronne,

Les Chambellans de l'Impératrice,

Son premier Écuyer,

Son Écuyer de service,

Les Officiers et Aides-de-camp de service chez l'Empereur, entrent aussi dans le second salon.

40. Lorsque S. M. se trouve

dans son appartement intérieur, le Chambellan de jour peut traverser l'appartement d'honneur pour aller prendre ses ordres ; il gratte à la porte du petit salon , où il doit toujours se trouver une des femmes de S. M. , qui va prendre ses ordres pour introduire près d'elle le Chambellan de jour.

41. La Dame d'honneur et la Dame d'atours peuvent entrer dans l'appartement intérieur de l'Impératrice, et ne sont annoncées à S. M. que dans la pièce où elle se trouve.

42. L'Impératrice ne reçoit jamais aucun homme dans son appartement intérieur, si ce n'est pour son service.

43. Les coiffeurs, marchands et marchandes sont introduits par un couloir dans les appartemens d'atours de S. M. ; ils ne traversent pas l'appartement d'honneur.

44. L'appartement d'honneur de S. M. est approprié sous la surveillance du Chambellan de jour, comme il a été dit pour celui de l'Empereur.

45. Les femmes de S. M. ont la surveillance et l'arrangement de l'appartement intérieur, et de son appropriement.

46. Lorsque S. M. est levée, les femmes de service font entrer les Valets-de-chambre par les couloirs ou corridors, pour faire le lit, et les frotteurs, pour approprier, en leur présence, la chambre à coucher.

TITRE III.

Des Levers et des Couchers de LL. MM., des Présentations, des Audiences.

CHAPITRE I.er

Des Levers et Présentations.

ARTICLE I.er

Le lever est le moment où S. M. sort de son appartement intérieur pour entrer dans son appartement d'honneur.

2. L'instant du lever est déterminé pour chaque saison ; il est assez ordinairement dans la première heure après que S. M. est habillée.

3. Lorsque S. M. change l'heure de son lever, elle le fait connaître la veille au soir au coucher.

4. A l'heure du lever, le Chambellan de jour gratte à la porte de l'appartement intérieur de l'Empereur, et il lui remet la note des personnes qui sont venues pour assister à son lever.

5. Le lever a lieu dans le second salon de l'appartement ordinaire de l'Empereur : toutes les personnes qui ont droit d'y être admises, se réunissent dans le premier salon ; elles composent le service de la maison et les grandes entrées.

6. Le Chambellan de jour fait entrer d'abord le service de la maison : il est composé

Des grands Officiers de la Couronne ;

Du Colonel général de service ;

De l'Aide-de-camp de service,

Et du Maître de la garde-robe.

En l'absence d'un des grands
Officiers,

Officiers, il est remplacé par l'Officier de son service qui est de jour.

7. Le service de la maison congédié, le Chambellan de jour fait entrer les grandes entrées : elles sont composées.

Des Princes de la Famille impériale et de l'Empire;

Des Cardinaux;

Des Ministres;

Des Colonels généraux de la garde;

Des grands Officiers de l'Empire, et des personnes décorées du grand Aigle de la Légion d'honneur;

Du Gouverneur de Paris, ou du Général qui commande l'armée ou la division dans laquelle S. M. se trouve actuellement;

Du Préfet du département de la Seine, ou de celui du département dans lequel se trouve S. M.;

Q

Du Préfet de police;

Des Présidens du Sénat, du Conseil d'état, du Corps législatif;

De l'Archevêque de Paris, ou de l'Évêque du diocèse dans lequel se trouve S. M.;

Du Chancelier et du Trésorier du Sénat;

Des Officiers du service d'honneur de l'Empereur, de celui de l'Impératrice, et des Princes et des Princesses;

Enfin, de toutes les personnes auxquelles S. M. en accorde le privilége.

Les personnes qui jouissent des grandes entrées à raison des places qu'elles occupent les perdent en quittant ces places. Une décision particulière de l'Empereur peut seule leur rendre cette faveur.

Les grandes entrées, qui ne dé-

rivent pas de la place que l'on occupe , ne peuvent être accordées
que d'après une décision écrite de
S. M., adressée au grand Chambellan, qui l'inscrira sur une liste
particulière. Cette liste doit toujours
être entre les mains de l'Huissier de
service au salon dans lequel S. M.
fera son lever.

Les entrées et autres prérogatives
accordées pendant les voyages , ne
s'étendent jamais au-delà du voyage
pour lequel elles ont été accordées.
Le grand Maréchal du Palais reçoit
pour cet objet les ordres de S. M. ;
il en prévient les personnes qu'ils
concernent, et les Chambellans de
service pendant le voyage.

Lorsque S. M. veut priver des
grandes entrées une personne qui
les aurait d'après les droits de sa
place ou par une décision écrite ,

S. M. en prévient par une lettre le grand Chambellan, qui raye le nom de cette personne sur la liste particulière qui est entre les mains de l'Huissier.

8. Jusqu'à ce que les grandes entrées soient congédiées, personne n'entre plus dans le premier salon.

9. Les jeudi et dimanche, avant la Messe, le lever a lieu dans la salle du Trône, et l'on se réunit dans les salons du grand appartement.

10. Ces jours-là, après que les grandes entrées ont été congédiées, S. M. admet les présentations.

11. Les présentations sont de plusieurs espèces ; elles entrent ensemble comme les entrées.

Lorsqu'une ville, un département, ou une corporation quel-

conque demande à être présentée à
l'Empereur, cela doit être considéré
comme une simple présentation.
Les Chambellans en envoient la
demande au Ministre dans les attributions duquel peut se trouver
la députation à présenter, en même
temps qu'ils en rendent compte à
S. M. C'est au Ministre qu'il appartient de présenter la députation,
à un des levers du jeudi ou dimanche, à moins que S. M. ne veuille
la recevoir en secret pour des mo-
tifs particuliers.

12. Les individus nommés à une
des grandes fonctions nationales,
aux places du service d'honneur de
LL. MM., de celui des Princes et
Princesses, d'Ambassadeur ou Ministre dans les Cours étrangères,
ou aux emplois de Général, Colonel, Président de collége électoral

et d'arrondissement, Membre de collége électoral de département, Évêque, Préfet, Maire des trente-six principales villes, Président et Procureur impérial près les Cours d'appel ou de justice criminelle, et Président de consistoire, ont l'honneur d'être présentés à l'Empereur. Ces présentations sont faites à S. M. par le Chambellan de jour ; elles peuvent l'être par un Prince, un Ministre ou un grand Officier de la Couronne. On doit s'adresser au Chambellan de jour afin d'obtenir l'agrément de S. M. pour lui être présenté : le Secrétaire de la chambre tient un registre où sont inscrites toutes les personnes présentées.

13. Les mêmes individus désignés dans l'article précédent, qui arrivent à Paris ou qui en partent pour retourner à leurs fonctions,

peuvent être présentés à S. M. à leur arrivée et à leur départ. Ils en sont prévenus par le Chambellan de jour, qui les nomme à S. M.

14. Les étrangers sont présentés à S. M. au cercle diplomatique, par leurs Ambassadeurs ou Ministres, ou bien aux levers des jeudi et dimanche, par le Ministre des relations extérieures ; ils entrent en même temps que les personnes désignées dans les deux articles précédens.

15. Les Dames sont présentées à S. M. au cercle du dimanche, qui a lieu, après la Messe, dans l'appartement ordinaire de l'Empereur.

Les Dames étrangères peuvent aussi être présentées à S. M. au cercle du dimanche ; mais elles ne le sont qu'après avoir été présentées à S. M. l'Impératrice.

Ces présentations sont faites à l'Empereur par la Dame d'honneur, ou la Dame d'atours, ou une des Dames du Palais ou des Princesses, ou par une Dame épouse d'un des grands Officiers de l'Empire.

La Dame qui demande à être présentée, s'adresse à l'une des Dames qui peuvent faire la présentation, et celle-ci, pour en obtenir la permission de l'Empereur, s'adresse au Chambellan de jour.

Les Dames épouses des Fonctionnaires désignés dans l'article 12, ont le droit d'être présentées.

16. Les personnes nommées à des fonctions qui leur accordent l'honneur et l'avantage d'être présentées, ainsi que leurs épouses, à LL. MM., doivent l'être dans les formes ordinaires, dès qu'elles ont prêté serment entre les mains de

l'Empereur; et ensuite se faire présenter aux Princes et Princesses de la Famille impériale, pour pouvoir jouir des prérogatives attachées à leur nouvelle place.

Toutes autres personnes que celles désignées dans les articles précédens , peuvent demander à être présentées; et si S. M. l'agrée, elles le sont à un des levers du jeudi ou dimanche avant la messe.

17. Après les présentations, le Chambellan de jour fait entrer toutes les personnes auxquelles S. M. a accordé une audience, qui entrent seules, et suivant l'ordre qu'elle a déterminé.

18. Les personnes qui doivent prêter serment entre les mains de S. M., le prêtent à un des levers du jeudi ou du dimanche.

19. Les présentations à l'Impé-

ratrice ont lieu à son lever, de la même manière que pour l'Empereur, et après les grandes entrées.

20. Les présentations ont lieu chez les Princes et Princesses de la même manière et au jour qu'ils indiquent.

21. Les Ministres et les grands Officiers de l'Empire, les Ambassadeurs, Ministres et Étrangers, les Membres du Sénat et du Conseil d'état, le Président du Corps législatif, sont présentés aux Princes et Princesses lorsqu'ils l'ont été à LL. MM.

22. Lorsque les personnes désignées dans les articles précédens auront été présentées à LL. MM. pour leur départ, elles doivent éviter de se trouver dans des endroits où l'Empereur et l'Impératrice pourraient aller.

Les Chambellans ou Maîtres des cérémonies ont soin d'en prévenir LL. AA. II., les Ministres, et les grands Officiers de l'Empire.

CHAPITRE II.

Des Couchers.

23. LE coucher est le moment qui précède celui où S. M. se retire dans son appartement intérieur et n'est plus visible.

24. Le coucher a lieu ordinairement après dix heures du soir. S. M. veut bien prévenir, à son lever, le Chambellan de jour, de l'heure de son coucher.

25. Les grandes entrées sont introduites au coucher de S. M. Il n'y a jamais ni présentations ni audiences, à moins d'un ordre spécial de S. M.

26. Le Chambellan de jour ayant

pris les ordres de S. M., et lui ayant remis la liste des personnes qui sont dans le premier salon, pour la voir à son coucher, et qui y ont droit, introduit d'abord les grandes entrées.

27. Les grandes entrées congédiées, le Chambellan de jour introduit le service de la maison.

28. Le service de la maison congédié, les portes des appartemens de S. M. sont fermées, et chacune des personnes de service se rend à son poste.

29. Le Chambellan de jour fait prévenir le portier de l'appartement d'honneur, des heures du lever et du coucher de S. M., pour qu'il puisse le faire connaître aux personnes qui sont dans le cas d'y être admises, et qui le lui feraient demander.

CHAPITRE

CHAPITRE III.

Des Cercles du Dimanche.

30. LE dimanche, après la Messe, il y a cercle au Palais, où sont admis, pour faire leur cour à S. M.,

1.° Les Membres des grandes fonctions nationales, les Fonctionnaires civils désignés dans l'article 12, et les Sous-préfets ;

2.° Les Officiers généraux de terre et de mer, et les Aides-de-camp qui les accompagnent, du grade de Colonel ou Chef de bataillon, les Adjudans commandans, les· Colonels, les Capitaines de vaisseau, de frégate, les Majors, Chefs de bataillon ou d'escadron, les Commissaires ordonnateurs, Inspecteurs ou Sous-inspecteurs aux revues, tous en activité de service ;

3.° Les autres Fonctionnaires ci-

vils, les Officiers d'un grade inférieur, ceux réformés ou destitués
qui auraient une autorisation particulière du Chambellan de jour.

31. Toutes ces personnes se
rendent, pendant ou après la Messe,
dans la galerie qui précède la Chapelle, ou dans les pièces du grand
appartement dans lesquelles elles
peuvent entrer par leur place.

32. Tous les Fonctionnaires civils ou militaires doivent être revêtus
de leur grand uniforme ou costume
lorsqu'ils viennent au Palais : les
militaires qui sont reçus le matin
chez l'Empereur, peuvent y paraître
en bottes avec éperons.

TITRE IV.

Cérémonial de la Chapelle impériale.

CHAPITRE I.er

Des Messes basses célebrées dans la Chapelle.

ARTICLE I.er

Le Sacristain célèbre chaque jour, à huit heures du matin, la sainte Messe pour les gens du service.

2. Un Chapelain, Clerc ou Maître de cérémonie, célèbre une seconde Messe à midi, pour le service de la Cour.

3. Les jours de dimanche ou de fête, la seconde Messe se dit deux heures avant celle célébrée devant S. M. Cette heure sera indiquée par

une affiche sur la porte de la Chapelle.

4. Le Maître de cérémonie, dès
la veille du jour où S. M. doit assister
à la Messe, donnera les ordres au
Sacristain pour l'arrangement intérieur de la Chapelle. Il s'entendra
avec le Maître de chapelle, pour
que la musique soit en rapport avec
la durée de la Messe.

CHAPITRE II.

*De la Marche du Cortége impérial pour
se rendre à la Chapelle.*

5. LE cortége de l'Impératrice se
rend le premier à la Chapelle ; S.
M. est précédée par ses Pages, les
Écuyers et Chambellans des Princesses, ses Écuyers et ses Chambellans, et suivie par les Princesses,
les Dames d'atours et du Palais, et
les Dames du Palais. Le premier

Écuyer et le premier Aumônier de S. M. marchent à sa droite un peu en arrière, la Dame d'honneur à sa gauche.

6. Quelques minutes après l'Impératrice, marche l'Empereur, précédé par

Les Pages et leurs Gouverneurs,
L'Aide des cérémonies de service,
Le Maître des cérémonies de service,
Les Écuyers,
Les Préfets du Palais,
Les Chambellans,
Le Gouverneur du Palais,
Le Chambellan et l'Écuyer de jour,
L'Aide-de-camp de service,
Le grand Maître des cérémonies,
Le grand Veneur,
Le grand Écuyer,
Le grand Chambellan,

Le grand Maréchal du Palais,

Les Princes de l'Empire,

Les Princes de la Famille impériale;

Et suivi par

Le Colonel général de la Garde, de service, et le grand Aumônier,

Les Colonels généraux de la Garde, et les Aides-de-camp qui ne sont pas de service;

Le premier Aumônier, et les Officiers des Princes ferment le cortége.

7. Les Ministres et les grands Officiers militaires n'ayant pas, dans ces occasions, de service, ou restent dans les appartemens, ou suivent pêle-mêle, s'ils veulent se rendre dans la pièce près de la Chapelle.

CHAPITRE III.

De l'Ordre des Places dans la Chapelle, et de la Célébration de la Messe.

8. L'Empereur et l'Impératrice sont au centre; à la gauche de l'Impératrice, les Princesses; à la droite de l'Empereur, sont les Princes de la Famille impériale et de l'Empire. Derrière l'Empereur, est le Colonel général de service, ayant à sa droite le grand Aumônier, et à sa gauche le grand Chambellan. Le grand Aumônier a un pliant.

9. Derrière l'Impératrice, est le premier Écuyer de S. M., ayant à sa droite le premier Aumônier, et à sa gauche le premier Chambellan. A gauche de S. M , et en arrière, sont la Dame d'honneur, la Dame d'atours, les Dames du Palais de service.

10. Les Dames qui accompagnent les Princesses, sont placées dans les travées latérales de la Chapelle, du côté de l'Impératrice, ou derrière les Dames du Palais.

11. Derrière les Princes sont le grand Maréchal, le grand Écuyer, le grand Veneur, le grand Maître des cérémonies, le Secrétaire d'état, le Ministre des cultes à droite; les grands Officiers de l'Empire, les Ministres et les Officiers de la Maison de LL. MM., de celles des Princes, se placent dans les tribunes latérales.

12. Le Vicaire général remet le livre de prières au grand Aumônier, qui le présente à S. M.; en l'absence du grand Aumônier, il le remet au premier Aumônier ou à un Aumônier Évêque; et, à leur défaut, il les remplace dans cette cérémonie.

13. Toutes les fois que le grand Aumônier célèbre la Messe, les Aumôniers ordinaires l'assistent à l'autel.

14. Les Aumôniers ordinaires sont assistés par les Chapelains, et les Chapelains par les Clercs, lorsqu'ils célèbrent la Messe.

15. Lorsque le roulement du tambour annonce l'arrivée de LL. MM. dans la Chapelle, le Célébrant, avec ses Officiers, précédé du Maître de cérémonie, sort de la sacristie pour se rendre à l'autel, où, après l'avoir salué, il se tourne vers LL. MM., les salue, et de suite commence la Messe.

16. Après la post-communion, la musique ayant chanté le *Domine salvum fac Imperatorem*, &c, le Célébrant chante l'oraison.

17. La Messe finie, le Célébrant

et ses assistans étant au bas de l'autel, le saluent; puis ils saluent l'Empereur, et se rendent à la sacristie dans le même ordre qu'ils en sont sortis. Le tambour fait un second roulement.

CHAPITRE IV.

Des Fêtes solennelles.

18. LE grand Aumônier célèbre les saints Mystères toutes les fois qu'il le juge convenable; mais les jours qui lui sont le plus spécialement affectés, sont ceux de l'Assomption (jour de la naissance de l'Empereur), de Noël, de Pâques, de la Pentecôte.

En cas d'empêchement, le grand Aumônier est suppléé par le premier Aumônier.

19. Aux quatre grandes solennités ci-dessus, dès que LL. MM.

sont arrivées à la tribune, le Célébrant fait la bénédiction de l'eau, présente le goupillon à LL. MM., fait de suite l'aspersion et commence la Messe.

Pendant le *Gloria*, la *Prose* et le *Credo*, ainsi que pendant le Sermon, le Célébrant et ses Officiers s'asseyent sur les fauteuil, chaises et tabourets à ce destinés, et s'y couvrent.

Après l'Évangile, le Diacre remet au plus digne de la Chapelle le livre des saints Évangiles pour le donner à baiser à LL. MM., et de suite le Diacre encensera LL. MM.

Le sermon a lieu après l'Évangile, si S. M. y assiste; dans le cas contraire, immédiatement après la Messe.

Après l'*Agnus Dei*, le Prêtre assistant portera la paix au plus digne, qui la présentera à LL. MM.; et le Prêtre assistant les encensera.

CHAPITRE V.

Des Cérémonies extraordinaires.

20. LE grand Aumônier présentera à S. M. des réglemens qui détermineront l'ordre que l'on devra suivre dans les cérémonies extraordinaires, telles que la bénédiction des cierges au jour de la Purification; celles des Cendres, des Rameaux, du lavement des pieds le Jeudi saint, de l'adoration de la Croix le Vendredi saint, de la bénédiction du cierge pascal et de l'eau le Samedi saint, de la bénédiction de l'eau le samedi de la Pentecôte; celles de la Fête-Dieu, et celles encore que l'on serait dans le cas d'instituer.

De

De l'administration des Sacremens.

21. Le Baptême des Enfans de France, des Princes et Princesses, et de ceux dont l'Empereur sera parrain, sera célébré par le grand Aumônier, dans la Chapelle impériale, au pied de l'autel.

22. Les Mariages célébrés en la présence de LL. MM., le sont par le grand Aumônier.

23. Le grand Aumônier prendra les ordres de l'Empereur pour la célébration de ces Sacremens, et il est chargé d'en faire les invitations.

24. Les actes en sont inscrits dans les diptyques déposés au secrétariat de la grande Aumônerie.

25. Les oblations faites dans ces circonstances seront partagées par le grand Aumônier, en trois portions égales, dont l'une remise au

Curé de la Paroisse dans l'arrondissement de laquelle est situé le
Château, un tiers à partager entre
les Officiers de la grande Aumônerie, et l'autre tiers aura la destination
des aumônes de l'Empereur.

Du Serment des Évêques.

26. Le Vicaire général prévient
dans la semaine les Évêques admis
par l'Empereur à la prestation du
serment; et le Maître de cérémonie
en instruit, dans ses billets d'invitation, les personnes de la Cour
auxquelles il est chargé d'indiquer
l'heure de la Messe.

27. Les Évêques se rendront
dans la Chapelle impériale, en sou-
tane, rochet et camail.

28. Le Vicaire général monte
sur les premières marches de la tribune, immédiatement après l'Évan-

gile, et fait l'appel de ces Évêques.

29. L'Évêque nommé, précédé du Maître de cérémonie, vient se mettre à genoux devant l'Empereur, et, la main droite sur le livre des Évangiles ouvert, il prononce la formule du serment, et il est reconduit à sa place par le Maître de cérémonie.

30. Les certificats des sermens de fidélité, prêtés à l'Empereur par les Cardinaux, Archevêques, Évêques et autres chefs ecclésiastiques, sont délivrés par le Secrétaire d'État qui est présent à cette cérémonie.

TITRE V.

Des Repas de LEURS MAJESTÉS.

LEURS MAJESTÉS mangent en grand couvert ou en petit couvert, ou dans les appartemens intérieurs.

CHAPITRE Ier

Service de LL. MM. en grand couvert.

ARTICLE Ier

LORSQUÈ LL. MM. veulent manger en grand couvert, la table est placée sur une estrade et sous un dais avec deux fauteuils; les portes de la salle où elle est placée, sont tenues par des Huissiers.

Lorsque LL. MM. invitent à leur grand couvert des Souverains ou

Princes étrangers, leur place et le cérémonial à observer à leur égard sont particulièrement déterminés.

2. S'il y a des invitations à faire, le grand Maître des cérémonies en est chargé; il prévient le grand Maréchal du Palais, de la distribution des tables et des personnes qui doivent s'y asseoir, ainsi que de la pièce dans laquelle on doit se réunir, et de l'heure.

Le grand Maréchal ordonne toutes les dispositions en conséquence.

3. Le grand Maréchal du Palais prend les ordres de LL. MM. pour le moment du service, et les transmet au premier Préfet, qui veille à leur exécution.

4. Le Préfet de service envoie lui-même à l'office et à la cuisine, et il en fait apporter en ordre tout ce qui est nécessaire pour le service

de LL. MM. ; il le fait placer sur la table en sa présence.

5. Le couvert de l'Empereur est placé à droite, celui de l'Impératrice à gauche ; la nef et le cadenas de l'Empereur à droite de son couvert, la nef et le cadenas de l'Impératrice à la gauche de son couvert, sur la table même.

6. Lorsque tout est prêt, le premier Préfet en avertit le grand Maréchal du Palais, qui en prévient LL. MM.

7. LL. MM. se rendent dans la salle où le repas est préparé, dans l'ordre suivant :

Les Pages de service ;

Un Aide des cérémonies ;

Les Préfets de service ;

Le premier Préfet et un Maître des cérémonies ;

Le grand Maréchal du Palais

et le grand Maître des cérémonies;

L'Impératrice;

Son premier Écuyer et son premier Chambellan;

L'Empereur;

Le Colonel général de service, le grand Chambellan et le grand Écuyer;

Le grand Aumônier.

8. LL. MM. étant arrivées à la table, le grand Chambellan présente à laver à l'Empereur;

Le grand Écuyer lui offre le fauteuil;

Le grand Maréchal du Palais prend une serviette dans la nef et la présente à S. M.;

Le premier Préfet, le premier Écuyer et le premier Chambellan de l'Impératrice, remplissent les mêmes fonctions près de S. M.;

Le grand Aumônier vient sur le

devant de la table, bénit le dîner et se retire.

9. Pendant le repas, le Colonel général de service est placé derrière le fauteuil de l'Empereur ; à la droite du Colonel général de service le grand Chambellan, à la gauche le grand Écuyer ;

A la droite, derrière le fauteuil de l'Impératrice, son premier Écuyer, à la gauche son premier Chambellan ;

Un des Préfets de service est à la droite du premier Écuyer ;

Le grand Maréchal du Palais est placé à la droite de la table ; un peu en arrière, à sa droite, le premier Préfet, ensuite le Préfet de service ;

Le grand Maître des cérémonies est placé à la gauche de la table ; un peu en arrière de lui, à sa gauche, le Maître des cérémonies ; ensuite l'Aide des cérémonies.

10. Les Pages font le service.

11. Les carafes d'eau et de vin à l'usage de LL. MM. sont placées sur un plat d'or, le verre sur un autre plat et à la droite de leurs couverts.

Lorsque l'Empereur demande à boire, le premier Préfet verse l'eau et le vin dans le verre, qui est offert à S. M. par le grand Maréchal.

12. Les mêmes fonctions sont remplies pour le service de S. M. l'Impératrice, par son premier Écuyer et par le Préfet de service qui est placé à sa droite.

13. Les Maîtres d'hôtel posent les plats, découpent les mets, et font offrir à LL. MM. par les Pages.

14. Le grand Chambellan fait verser devant lui le café dans la tasse destinée à l'Empereur, un Page la lui remet sur un plat d'or, et il l'offre à S. M.

15. Le premier Chambellan de l'Impératrice offre de même le café à S. M.

16. Après le repas, le grand Maréchal prend la serviette des mains de l'Empereur; le premier Préfet, de celles de l'Impératrice.

Le grand Écuyer et le premier Écuyer de l'Impératrice retirent les fauteuils de LL. MM.; le grand Chambellan donne à laver à l'Empereur, le premier Chambellan à l'Impératrice.

17. LL. MM. sont reconduites dans le même ordre qu'elles sont venues.

18. Si, dans la salle où mangent LL. MM., il est servi d'autres tables, le service en est fait par les Maîtres d'hôtel et la livrée; et les Préfets veillent à ce que le bon ordre y règne, et que chacun soit assis à

la table et à la place qui lui sont destinées.

CHAPITRE II.

Service de LL. MM. au petit Couvert, dans les appartemens ordinaires.

19. CE service se distingue en service dans l'appartement d'honneur de l'Empereur, et service dans l'appartement d'honneur de l'Impératrice.

20. Lorsque LL. MM. veulent être servies dans l'appartement d'honneur de l'Empereur, le Chambellan de jour fait les invitations ; il en envoie la liste au grand Maréchal du Palais ou au Préfet de service ; il lui indique aussi la pièce dans laquelle on doit se réunir, et à quelle heure.

21. Lorsque LL. MM. veulent être servies dans l'appartement

d'honneur de l'Impératrice, la Dame d'honneur, la Dame d'atours, ou, en son absence, le Chambellan de jour, fait les invitations, en envoie la liste au grand Maréchal du Palais ou au Préfet de service, et lui indique la pièce dans laquelle on doit se réunir, et à quelle heure.

22. Dans chacun de ces cas, le Préfet de service entre de droit dans la pièce où se réunissent les personnes invitées, et il les reçoit en l'absence du Chambellan de jour.

23. La table est dressée dans la pièce désignée par le Préfet de service; les nefs sont posées sur les tables de desserte, à portée de la place de LL. MM. On met un fauteuil pour l'Empereur, un pour l'Impératrice, et des chaises pour les autres personnes.

24. Lorsque LL. MM. mangent dans

dans l'appartement d'honneur de l'Empereur, son Maître d'hôtel est chargé du service. Celui de l'Impératrice en est chargé lorsque LL. MM. mangent dans l'appartement d'honneur de l'Impératrice.

25. Le Préfet prend les ordres de LL. MM. pour faire servir et pour savoir quelles sont les personnes qui doivent s'asseoir à côté d'elles.

Il fait apporter le service en ordre et avec les Maîtres d'hôtel.

26. Lorsque le repas est servi, le Préfet va avertir LL. MM.; il les précède pour les conduire dans la pièce où la table est dressée; il fait placer les personnes invitées, et veille, pendant tout le repas, à ce que le service soit bien fait.

27. Si le grand Maréchal était présent lorsque le repas est servi,

il en serait averti par le Préfet, et il préviendrait LL. MM.

28. Les Pages servent LL. MM. Les Maîtres d'hôtel et les Valets-de-chambre servent les autres personnes invitées.

29. Les Maîtres d'hôtel posent les plats, découpent, et servent les personnes invitées; ils font offrir à LL. MM. par les Pages.

30. Après le repas, LL. MM. sont reconduites dans le salon par le Préfet de service.

31. Le café et la liqueur sont servis par les Maîtres d'hôtel et Chefs d'office, et offerts à LL. MM. par le Préfet de service.

32. Lorsqu'à la suite d'un cercle ou d'un jeu chez l'Impératrice il y a souper dans son appartement d'honneur, le Préfet de service, ou, en son absence, le Chambellan de

jour, prévient, une demi-heure avant, le Maître d'hôtel de S. M., du nombre des Dames, afin que la table soit dressée en conséquence.

33. On place un fauteuil pour l'Empereur, un pour l'Impératrice, et des chaises pour les Dames.

34. Aucun homme ne s'assied, à moins que S. M. ne l'en fasse prévenir par un de ses Officiers.

35. Deux Pages se tiennent derrière le fauteuil de l'Impératrice, et deux derrière celui de l'Empereur, pour servir LL. MM.

CHAPITRE III.

Service de LL. MM. dans l'appartement intérieur.

36. CE service se distingue en service dans l'appartement inté-

rieur de l'Empereur, et service dans l'appartement intérieur de l'Impératrice. Chez l'Empereur, son Maître d'hôtel en est chargé ; celui de l'Impératrice en est chargé chez S. M.

37. LL. MM. désignent la pièce dans laquelle elles veulent manger, et les individus qui doivent les servir. Il n'y a aucune étiquette, ni personne du service d'honneur.

CHAPITRE IV.

Déjeûners.

38. Avant le coucher de LL. MM., le Préfet de service, en son absence le Chambellan de jour, prend les ordres de LL. MM. pour l'heure à laquelle elles veulent déjeûner.

39. Le Préfet de service veille

à ce que le déjeûner de LL. MM. soit servi suivant les ordres qu'il a reçus la veille.

RÈGLES GÉNÉRALES.

40. Tout ce qui est nécessaire pour le service de la table est apporté par la livrée, et conduit par les Maîtres d'hôtel, Chefs d'office, Sommelier, qui doivent le poser eux-mêmes.

41. Le service de la cuisine et celui de l'office sont apportés couverts, ainsi que l'eau, le pain et le vin.

42. Dès que la table est posée, qu'elle soit servie ou non, un Maître d'hôtel doit toujours être auprès, et ne plus la quitter jusqu'à ce que LL. MM. aient pris place.

43. On pose une serviette sur la nappe, à la place où doit être

mis le couvert de l'Empereur et celui de l'Impératrice. Cette serviette doit tomber de la moitié de sa longueur au moins, de manière à pouvoir être rejetée sur le couvert lorsqu'il est placé, et le couvrir tout-à-fait.

TITRE VI.

Bals et Concerts du Palais.

CHAPITRE I.er

Cercles.

ARTICLE I.er

Un des Chambellans de l'Empereur est particulièrement chargé de tout ce qui concerne les cercles et les invitations aux fêtes dans les grands appartemens.

2. Il doit tenir un registre renfermant la liste exacte de toutes les personnes admissibles aux cercles et fêtes de la Cour.

Cette liste sera divisée de manière à ce que toutes les personnes qui sont dans le cas d'être invitées aux cercles et bals, puissent l'être chacune à leur tour pendant le séjour de LL. MM. soit à Paris, soit dans les autres Palais.

3. Il n'y a que les personnes qui ont eu l'honneur d'être présentées à LL. MM., et pour lesquelles il y a eu une décision particulière de S. M., qui puissent y être admises.

Les Dames qui composent les maisons de l'Empereur, de l'Impératrice, et des Princes et Princesses de la Famille impériale ou de l'Empire, et les Dames épouses des grands Officiers de l'Empire, sont toujours invitées.

4. Aux cercles qui ont lieu dans les grands appartemens soit le matin, soit le soir, si l'Empereur prend son costume, les invitations en font mention, et dès-lors toutes les personnes invitées doivent venir avec

le grand costume de leur charge.
Les Dames viennent en habit de
cour.

5. Aux cercles des grands appartemens soit le matin, soit le soir,
quelque costume ou uniforme que
l'on porte, les personnes qui ont
la grande décoration de la légion
d'honneur, doivent la porter par
dessus leur habit; les autres Officiers ou Légionnaires doivent porter la croix de la Légion, et jamais
un simple ruban ou une croix plus
petite.

6. Le Chambellan prend les ordres de l'Empereur, sur la nature
et l'ordonnance de ces fêtes, ainsi
que sur le nombre des personnes
qui doivent y être invitées.

7. Il rédige, d'après ces ordres,
une liste d'invitation, qu'il soumet
à l'approbation de S. M.

8. Il veille à ce que ces invitations soient faites à temps et d'une manière convenable : il s'assure si elles ont été faites.

Les Princes et Princesses sont toujours invités par une lettre écrite à la main, portée par un Valet-de-chambre de l'Empereur.

Les grands Officiers de la Couronne, les Officiers et Dames des maisons de LL. MM. et des Princes et Princesses sont invités pour une heure avant celle à laquelle les cercles ou fêtes doivent commencer.

9. Le Chambellan chargé des invitations, conjointement avec celui de jour, surveille les préparatifs et les dispositions de la fête.

10. Tous les Chambellans s'occupent d'en faire les honneurs et d'y maintenir l'ordre.

Le Chambellan de service, et

deux Dames du palais désignées, doivent être rendus dans les appartemens une demi-heure avant tout le monde, pour en faire les honneurs aux personnes qui arrivent.

11. Les personnes invitées se réunissent dans les salons qui précèdent celui du Trône ; il n'entre dans celui-ci que les Princes et Princesses, leur Dame d'honneur et leur Dame de service, les grands Officiers, Ministres et autres qui ont droit d'y entrer, et leurs épouses.

12. LL. MM. étant arrivées dans la salle du Trône, le Chambellan de service prend leurs ordres. Il fait ouvrir les portes et fait entrer toutes les personnes qui sont dans les salons précédens, pour qu'elles aient l'honneur de saluer LL. MM.

13. Le grand Chambellan, en son absence le Chambellan de jour,

prend les ordres de l'Empereur, dans le cas que S. M. desire jouer, pour inviter les personnes aux-quelles elle fait l'honneur de jouer avec elles.

Le Chambellan de jour près S. M. l'Impératrice prend de même les ordres pour son jeu.

14. Il ne doit y avoir dans le salon de l'Empereur où jouent LL. MM. que les tables destinées au jeu des Princesses, et celle de la Dame d'honneur.

15. Règle générale, par respect pour le Trône, on doit s'abstenir de faire jouer dans la salle où il est placé.

16. L'Impératrice entre avec les Princesses dans le salon de l'Empe-reur. Les Chambellans y font entrer les personnes qui doivent avoir l'honneur de jouer avec LL. MM.

ou

ou LL. AA. II., et y laissent ensuite circuler librement toutes les autres personnes.

17. Les Dames du palais et les Chambellans forment ensuite des parties de jeu dans les salons qui précèdent celui du Trône.

18. Si l'Empereur parcourt les salons, les personnes occupées à jouer ne se lèvent pas et n'interrompent pas leur jeu, à moins que S. M. ne s'approche d'elles ; alors la personne à laquelle elle fait l'honneur d'adresser la parole, doit se lever et se tenir debout tant qu'elle lui parle.

19. Quand l'Impératrice a fini son jeu, elle se rend dans les salons, où elle est annoncée par un Huissier ; tout le monde se lève : S. M. les parcourt accompagnée seulement de sa Dame d'honneur.

CHAPITRE II.

Bals et Concerts,

20. LORSQUE les bals ou concerts doivent avoir lieu dans l'appartement de l'Impératrice, les invitations en sont faites par la Dame d'honneur, sur une liste approuvée par S. M. l'Impératrice.

S'ils doivent avoir lieu dans l'appartement de l'Empereur, elles le sont par le Chambellan de jour, sur une liste approuvée par S. M.

21. Dans l'un comme dans l'autre appartement, le Chambellan de jour près l'Empereur doit le prévenir quand tout est prêt, et lui remettre, si c'est un concert, le programme de la musique.

Il doit précéder S. M. jusqu'à la salle du bal ou du concert, et se tenir à portée de recevoir les ordres.

22. Deux fauteuils sont disposés pour LL. MM.; à droite et à gauche, des plians pour les Princes et Princesses de la Famille impériale ou de l'Empire. Les Princes se placent du côté de l'Empereur; les Princesses, du côté de l'Impératrice.

23. Dans le cas où il se trouverait des Souverains ou Princes étrangers, il serait disposé des fauteuils pour les Souverains, et des plians pour les Princes et Princesses, Altesses impériales, royales ou électorales.

24. Dans les grands appartemens, les Chambellans de service doivent faire placer dans la salle du concert les personnes qui se trouvent dans les salons qui précèdent celui où jouent LL. MM., quelques minutes avant d'avertir LL. MM.

25. Si S. M. veut danser, le premier Chambellan, ou bien le Maître de la garde-robe, en son absence le Chambellan de jour, doit s'approcher et recevoir d'elle son épée et son chapeau.

26. Le Chambellan de jour doit prendre les ordres de l'Empereur sur les personnes qui auront l'honneur de danser avec lui, et inviter lui-même ces personnes.

27. Quand l'Empereur cesse de danser, le premier Chambellan lui présente son épée et son chapeau.

28. Si Sa Majesté l'Impératrice veut danser, la Dame d'atours reçoit d'elle son éventail, et le lui remet après la danse ; la Dame d'honneur prend ses ordres pour inviter les personnes qui doivent avoir l'honneur de danser avec S. M.

29. Si l'Empereur n'est pas de la

contre-danse, le Chambellan prend les ordres de S. M. l'Impératrice, pour les personnes auxquelles elle veut faire l'honneur de danser avec elles, et les invite.

30. Si LL. MM. desirent jouer, leurs Chambellans de jour prennent leurs ordres, et préviennent les personnes que LL. MM. ont choisies.

TITRE VII.

*Du Service d'honneur de l'Empereur
et de l'Impératrice.*

ARTICLE I.er

LE service d'honneur de LL. MM.
est fait par les Officiers et Dames
de la Maison, les grands Officiers
de la Couronne, les Princes et Princesses de la Famille impériale.

2. Quand l'Empereur ou l'Impératrice se trouvent dans les appartemens d'honneur ou de représentation, et que LL. MM. ont besoin
de quelque chose, le Chambellan
de service le présente à l'Empereur.

La Dame d'honneur ou d'atours,
ou une des Dames du Palais, de

service, le présente à S. M. l'Impératrice.

3. S'il se trouve dans l'appartement un Prince de la Famille impériale, la chose que demande l'Empereur lui est remise par le Chambellan de service, et le Prince l'offre à S. M.

4. Les Dames du Palais, ou les Chambellans, remettent à la Princesse qui se trouve dans le même appartement que S. M. l'Impératrice, l'objet dont elle a besoin, et la Princesse le présente à S. M.

5. Si, dans l'appartement, il y a plusieurs Princes ou plusieurs Princesses, l'honneur de servir LL. MM. appartient à celui des Princes, ou à celle des Princesses, les premiers par ordre de naissance.

6. S'il ne se trouve aucun Prince dans l'appartement, mais qu'il y ait

des grands Officiers de la Couronne, l'objet à présenter à S. M. est remis par le Chambellan de service à un grand Officier de la Couronne pour l'offrir à S. M.

7. Les quatre Colonels généraux de la Garde sont considérés comme Officiers du service d'honneur, et, en l'absence des grands Officiers, ils les remplacent pour ce service.

8. Les rafraîchissemens offerts à LL. MM. sont apportés par les Pages, et présentés à LL. MM. par le Chambellan de service.

9. Si, dans le courant de la journée, LL. MM. veulent se débarrasser de quelques effets ou vêtemens, comme épée, chapeau, manteau, schall, &c. &c., l'Officier ou la Dame de service les reçoivent des mains de LL. MM. et les remettent à un des Pages de service,

pour les reprendre et les offrir à LL. MM. lorsqu'elles en ont besoin.

10. En général, le service d'honneur de S. M. l'Impératrice n'est fait que par les Dames ; cependant c'est au Chambellan de jour près d'elle à lui approcher un fauteuil lorsqu'elle veut jouer ou lorsqu'elle veut s'asseoir.

11. Les Officiers du service d'honneur en service journalier, se remplacent réciproquement.

TITRE VIII.

Grande Parade.

ARTICLE I.er

LA veille d'un jour de grande Parade, S. M. donne l'ordre aux Colonels généraux de sa Garde et au Gouverneur de Paris, pour les corps qui doivent y paraître.

Le Colonel général de service ou le grand Maréchal du Palais en préviennent les grands Officiers qui doivent y assister.

2. S. M. veut bien désigner l'heure à laquelle la Parade doit avoir lieu.

3. Les troupes désignées se réunissent, avant l'heure indiquée, dans la cour des Tuileries et sur la

place; dès qu'elles y sont, elles se trouvent être sous les ordres du Colonel général de la Garde qui commande la Parade.

4. Le grand Maréchal du Palais désigne un ou deux Officiers de l'État-major du Palais, qui commandent sous les ordres du Colonel général de la Garde commandant la Parade.

5. Le Connétable,

Les quatre Colonels généraux de la Garde,

Le grand Maréchal du Palais,

Le grand Écuyer,

Le Ministre de la guerre,

Le Gouverneur de Paris,

Le premier Inspecteur général de la Gendarmerie,

Les quatre Aides-de-camp, et l'Écuyer de service près S. M.,

Deux Pages de service,

Sont les seuls Officiers qui ont l'honneur d'accompagner à cheval S. M.

Le Connétable, ou les Princes qui y assistent, peuvent être accompagnés chacun par leur premier Écuyer ou un seul Aide-de-camp.

6. Lorsque S. M. accorde à quelqu'un la faveur de l'accompagner à cheval à la Parade, elle en prévient alors le grand Maréchal du Palais, qui fait l'invitation au nom de S. M.

7. Lorsque les troupes sont réunies, les corps de la Garde font prendre leurs drapeaux et étendards, qui sont dans le salon de l'Empereur. Un Officier de l'État-major du Palais réunit les Porte-drapeaux et étendards, se met à leur tête, et les conduit dans le salon où ils sont placés, en les faisant annoncer par le Chambellan de service.

8.

8. Le Colonel-général qui doit commander la Parade, prévient l'Empereur lorsque tout est prêt. S. M. descend de ses appartemens, précédée de ses Pages, Aides-de-camp et grands Officiers, et suivie des autres personnes qui ont l'honneur de l'accompagner pour la Parade.

9. Avant et pendant la Parade, le Gouverneur du Palais et ses Officiers ont soin de maintenir une bonne police dans la cour; le Gouverneur de Paris fait veiller à celle de la place.

10. L'Empereur commande ou fait commander aux troupes; lorsqu'elles ont évolué et défilé, et que S. M. est descendue de cheval, elle est reconduite dans ses appartemens de la même manière qu'elle en est descendue.

x

I I. A mesure que chaque corps à défilé, il sort du Pãlais au pas accéléré. Après la Parade, les drapeaux et étendards de la Garde sont reportés dans le salon de S. M., et conduits par un Officier du Palais.

1 2. Quelquefois, après la Parade, S. M. admet les corps d'Officiers des régimens qui ont défilé, à lui faire leur cour. Le Gouverneur du Palais et ses Officiers les font réunir et monter dans la salle de concert.

TITRE IX.

Cérémonies.

CHAPITRE I.er

Des Cérémonies pendant lesquelles S. M. est sur le Trône.

ARTICLE I.er

L'EMPEREUR se place sur son Trône pour recevoir le Sénat, le Conseil d'état, le Corps législatif, la Cour de cassation, ou les députations de ces Corps, dans les occasions solennelles ; il s'y place aussi pour distribuer les décorations de la Légion d'honneur.

2. Le grand Maître des cérémonies prévient ces Corps et tous ceux qui doivent assister à la cérémonie, de l'heure à laquelle elle doit avoir

lieu, et du costume dans lequel on doit y paraître.

3. A l'heure indiquée, le grand Maître, après avoir pris les ordres de S. M., fait placer autour du Trône les Princes de la Famille impériale, les Princes de l'Empire, les Ministres, les grands Officiers de l'Empire, et les Officiers civils et militaires de la Maison de S. M. Il leur fait occuper les places qui seront indiquées plus bas ; il fait appeler aussi les membres du Sénat ou du Conseil d'état qui devraient assister à la cérémonie.

4. Lorsque chacun est en place, le grand Maître entre dans le cabinet de l'Empereur, suivi du Colonel général de la Garde de service, et des grands Officiers de la Couronne ; il avertit S. M. que tout est disposé selon ses ordres.

5. L'Empereur se met en marche pour se rendre dans la salle du Trône, précédé par les Huissiers du cabinet, les Pages, le grand Maître des cérémonies, le grand Écuyer, le grand Maréchal du Palais, et suivi par le Colonel général de la Garde, le grand Aumônier, le grand Chambellan et le grand Veneur.

6. Lorsque S. M. a pris place sur le Trône, le cortége se range à droite et à gauche du Trône, et l'ordre des places est réglé ainsi qu'il suit :

A droite de l'Empereur et en arrière, sur la troisième marche, se tient le Colonel général de la Garde de service ;

A droite et à gauche, les Princes de la Famille impériale et les Princes de l'Empire ;

A la droite des Princes de l'Empire de droite, le grand Aumônier, le grand Chambellan et le grand Veneur ; derrière eux, les Chambellans et les Officiers civils de leur service ;

A leur droite, les Ministres ;

A la droite des Ministres, et en équerre, les Sénateurs ;

A la gauche des Princes de l'Empire de gauche le grand Maréchal et le grand Écuyer ; derrière eux, les Préfets du Palais et les Écuyers ;

A leur gauche, les trois Colonels généraux de la Garde qui ne sont pas de service, et les grands Officiers militaires ; derrière eux, les Aides-de-camp de S. M. ;

A la gauche des grands Officiers militaires, et en équerre, les Conseillers d'état ;

En avant et à gauche de la dernière marche du Trône, le grand Maître des cérémonies.

7. Si un Prince de la Famille impériale ou un Prince de l'Empire a quelques présentations à faire , il s'avance vis-à-vis le grand Maître, à la droite et en avant du Trône, et plus près de deux pas de la dernière marche que le grand Maître des cérémonies.

8. Le premier Chambellan, l'Aide-de-camp de service et les Maîtres des cérémonies, se tiennent près des fenêtres, en face du Trône;

Le Chambellan et l'Écuyer de service, dans le salon du Trône près de la porte;

L'Aide des cérémonies, près de la porte, en-dehors du salon.

Les Pages s'asseyent sur les marches du Trône ; les Huissiers du cabinet se placent à la porte du cabinet.

9. Lorsque la cérémonie est ter-

minée, l'Empereur descend du Trône et retourne dans son cabinet, précédé et suivi comme il l'a été pour se rendre à l'audience.

CHAPITRE II.

Cérémonie pendant laquelle LL. MM. sont sur le Trône pour recevoir les hommages des Fonctionnaires publics.

10. Les Fonctionnaires et autres compris dans l'article 12 du titre des *Levers et Présentations*, ainsi que leurs épouses, et qui ont eu l'honneur d'avoir été présentés à LL. MM., sont admis à leur offrir leurs hommages à l'occasion de la naissance ou du mariage d'un Prince ou d'une Princesse, fils ou fille de LL. MM.

11. Toutes ces personnes sont prévenues par le Chambellan de service, du jour et de l'heure auxquels elles doivent se rendre au Palais ; et

elles s'y réunissent dans les pièces qui précèdent la salle du Trône.

12. Les Princes et Princesses, les grands Officiers de la Couronne et la Dame d'honneur, se rendent dans la salle du Trône. Les Princes se rangent du côté de l'Empereur ; les Princesses, du côté de l'Impératrice, les grands Officiers, à droite et à gauche, derrière.

LL. MM. étant placées sur leur Trône, les Princes et Princesses s'asseyent sur des plians. Le grand Chambellan ayant pris les ordres de l'Empereur, le Chambellan de service introduit successivement, et dans l'ordre suivant, les personnes admises à offrir leurs hommages à LL. MM. :

Les Dames du Palais,

Les Dames des Princesses,

Les Dames épouses des Ministres,

—des grands Officiers de l'Empire et des Officiers de LL. MM., des Princes et des Princesses, — des Sénateurs, —des Conseillers d'état, — des Généraux, — des Législateurs, — des Membres de la Cour de cassation, — des premiers Présidens des Cours d'appel, — des Préfets, — des Colonels,

Et les Dames présentées;

Ensuite les Officiers des Maisons de LL. MM., des Princes et des Princesses,

Les Ministres,

Les grands Officiers de l'Empire,

Les Sénateurs,

Les Conseillers d'état,

Les Généraux,

Les Législateurs,

Les Membres de la Cour de cassation et premiers Présidens des Cours d'appel,

Les Préfets,

Les Colonels,

Les Maires des trente-six principales villes,

Et hommes présentés.

13. Toutes ces personnes font une révérence en entrant dans la salle du Trône; elles saluent ensuite l'Empereur, puis l'Impératrice, et se retirent. Le grand Chambellan, placé du côté de l'Empereur, à un pas de la dernière marche du Trône, les nomme à S. M. La Dame d'honneur, placée de même du côté opposé, les nomme à S. M. l'Impératrice.

14. Cette cérémonie terminée, LL. MM. se retirent dans le salon de l'Empereur, accompagnées par les grands Officiers de la Couronne.

CHAPITRE III.

Des Audiences pendant lesquelles S. M. est debout.

15. L'Empereur, dans les audiences où il est debout, se tient au fond du salon, à quelques pas de la cheminée.

16. A droite et à gauche de l'Empereur, et un peu en arrière, sont les Princes de la Famille impériale ; à droite et à gauche des Princes de la Famille, les Princes de l'Empire : derrière l'Empereur, le Colonel général de la Garde, de service ; derrière lui, les trois qui ne sont pas de service, et les Aides-de-camp ;

A droite du Colonel général de service, le grand Aumônier, le grand Chambellan, le grand Veneur et les Officiers civils ;

A sa gauche, le grand Maréchal, le

le grand Écuyer et le grand Maître des cérémonies, et les Officiers civils ;

A la droite des grands Officiers civils de droite, les Ministres ;

A la gauche des grands Officiers civils de gauche, les grands Officiers militaires ;

A la droite des Ministres, et en équerre, les Sénateurs ;

A la gauche des grands Officiers militaires, les Conseillers d'état, en équerre.

Le premier Chambellan se tient derrière le grand Chambellan ;

L'Aide-de-camp de service, derrière les Colonels généraux de la Garde ;

Le ou les Maîtres des cérémonies, au fond du salon, du côté opposé à l'Empereur ;

Le Chambellan de service, dans

le salon près de la porte, ainsi que l'Écuyer de service ;

L'Aide des cérémonies, en dehors et à la porte du salon du Trône.

Il n'entre dans ce salon qu'avec et derrière le Corps diplomatique et les grands Corps de l'État.

TITRE X.

Réglement pour les Voyages.

ARTICLE I.er

LES voyages se divisent en petits voyages et grands voyages.

2. Les petits voyages sont ceux de Saint-Cloud, Versailles, Fontainebleau, Rambouillet et Compiégne.

3. Les grands voyages sont ceux de Lacken, Stupinis et autres, pour lesquels il faut être prévenu plus de quarante-huit heures d'avance.

4. Le grand Maréchal reçoit les ordres de l'Empereur pour les petits voyages, et donne ceux nécessaires aux Officiers de service au Palais,

qui doivent tout disposer et prévenir leur grand Officier.

5. Le grand Écuyer reçoit les ordres de S. M. pour les grands voyages, le nombre de personnes qu'elle veut emmener, et la manière dont elle veut voyager; il en donne avis aux grands Officiers, afin qu'ils prennent les ordres de S. M., pour qu'elle leur désigne les personnes qui auront l'honneur de l'accompagner.

Le grand Maréchal du Palais prend les ordres de l'Empereur, afin de faire disposer les logemens de LL. MM., ceux des personnes de leur suite et de leur service, et ceux de la Garde impériale.

6. Dans les petits voyages, le grand Maréchal expédie un courrier au Gouverneur ou Sous-gouverneur du palais où se rendent

LL. MM., afin que tout soit prêt à les recevoir.

7. Un détachement de chaque service précède LL. MM. au moins de quelques heures, afin de tout préparer. Ce détachement doit, en conséquence, être toujours commandé à l'avance, afin de partir au premier ordre. La chambre doit avoir une malle renfermant les objets les plus nécessaires à S. M.

8. Dans les voyages, un Officier de chacun des services précède LL. MM. au moins de vingt-quatre heures, pour s'assurer que tout est disposé conformément aux goûts de LL. MM. et à l'étiquette.

9. Le service de LL. MM. dans les grands voyages se divise en service ordinaire et service extraordinaire.

Le service ordinaire voyage dans

les voitures de LL. MM., et par conséquent dans un des convois de leur service.

Le service extraordinaire se rend directement à la destination indiquée; les personnes de ce service voyagent dans leurs voitures.

10. Dans les grands voyages seulement, les personnes du service ordinaire ont place dans les voitures, gondoles ou diligences de la Cour qui précèdent ou suivent, pour un de leurs domestiques; les Dames, pour une femme-de-chambre.

11. La livrée de LL. MM. peut seule monter sur les siéges de leurs voitures.

12. Les grands Officiers adressent au grand Écuyer l'état nominatif des personnes qui composent le service ordinaire et extraordinaire

de LL. MM., afin qu'il leur assigne leurs places.

13. Le grand Écuyer présente à S. M. un projet d'itinéraire d'après la direction qu'elle lui indique. Quand S. M. l'a arrêté, il en adresse des copies aux Ministres de la guerre et de l'intérieur pour les dispositions militaires et civiles ; au Directeur général des postes, pour le nombre de chevaux qu'il faut réunir à chaque relais ; et au Directeur des ponts et chaussées, pour les routes.

14. Le grand Écuyer a la direction de tous les services dans les voyages de LL. MM. ; il fait numéroter les voitures et indique l'ordre dans lequel elles doivent marcher ; il a sous ses ordres, pendant la durée du voyage, tous les Agens des postes qui sont détachés pour le service de LL. MM.

15. Le service de LL. MM., dans les grands voyages, est divisé en convois, suivant le nombre de voitures que l'Empereur veut emmener, et celui des chevaux de tournée dont il autorise la réunion.

Ces convois marchent à douze heures au moins de distance l'un de l'autre, afin que les mêmes chevaux puissent les mener successivement.

Il est réparti dans chaque convoi un certain nombre de personnes de chaque service, de manière à ce que LL. MM. soient précédées et suivies par-tout, de ce qui leur est nécessaire : celles du convoi qui précède, doivent tout faire préparer ; celles qui suivent, exécutent les ordres que LL. MM. peuvent donner en partant, et veillent à ce que rien ne soit oublié, et que tout soit exactement payé.

16. En marche, l'Écuyer de service reste toujours à la portière de LL. MM. du côté droit. Il ne doit, en conséquence, s'en absenter que d'après leur ordre, ou quand le Colonel général de service est à cheval; alors il se place à la portière gauche, s'il n'y a point de Général de la division militaire : dans ce cas, il marche à côté du Colonel général de la Garde de service. Dans aucun cas, les personnes non désignées au décret du 24 messidor an 12 ne peuvent être autour de la voiture de LL. MM.

L'article 19 du titre III du décret impérial du 24 messidor an 12 : porte :

« Lorsque le Général de la divi-
» sion dans laquelle l'Empereur se
» trouvera, accompagnera S. M.,
» il se placera et marchera près de

» la portière de gauche. Les autres
» places autour de la voiture de S.
» M. seront occupées par les Offi-
» ciers du Palais ou de la Garde
» impériale, et autres personnes
» que S. M. aura spécialement nom-
» mées pour l'accompagner ».

17. La Garde impériale doit seule précéder et suivre immédiatement la voiture de LL. MM.; quand elle n'y est pas, ce sont les Coureurs, l'Officier et les deux Sous-officiers de Gendarmerie qui la remplacent, à moins qu'un corps de l'armée n'ait été désigné pour faire momentanément près de LL. MM. le service de la Garde impériale. Dans ce cas, le détachement de ce corps, venu au-devant de LL. MM, prend la place de la Garde ; moitié précède leur voiture, et moitié la suit.

18. Un Officier de Gendarmerie peut précéder les chevaux de la voiture de LL. MM. ; il veille à ce que les Postillons conservent la distance prescrite. Deux Officiers ou Sous-officiers du même corps peuvent la suivre derrière ; le surplus des détachemens de Gendarmerie et autres corps qui se présentent sur la route, marche en arrière de toutes les voitures, à l'exception d'un Brigadier et deux hommes de la Gendarmerie, et, à son défaut, de la ligne, qui précèdent de cent cinquante pas toutes les voitures pour leur faire faire place. Quant elles relayent ou s'arrêtent dans les villes ou communes, la Gendarmerie ne peut entourer la voiture de LL. MM. dont elle ne doit pas empêcher le peuple d'approcher.

19. Les autres corps de la ligne

doivent aussi fermer la marche derrière toutes les voitures. Les Gardes d'honneur seulement doivent les précéder de deux cents pas, et prendre de suite ce poste, sur l'ordre qui leur en est envoyé par l'Écuyer, sans attendre la voiture de LL. MM. Les Gardes et les escortes se rangent en bataille sur la droite de la route quand elles sont relevées, afin que l'Empereur les voie.

20. Les Coureurs Sous-officiers de la Garde sont, pendant la marche, sous les ordres de l'Écuyer de service; il les envoie par-tout sur la ligne des voitures où il est nécessaire de donner des ordres pour l'ensemble de la marche et l'exécution de ce réglement. Pour ces courses, qui sont aussi rares que possible, les Coureurs passent du côté gauche de la voiture de LL. MM.

MM.; et leur mission remplie, ils s'arrêtent pour l'attendre et rendre compte à l'Écuyer en repassant derrière. Dans aucun autre cas, les Coureurs ne doivent quitter la voiture de LL. MM.; l'Écuyer punit ceux qui transgressent cet ordre.

21. L'Écuyer veille à ce qu'on ne fasse pas de poussière ou qu'on n'éclabousse pas la voiture de LL. MM.; il y fait lui-même attention.

22. Les Gendarmes, Coureurs, Courriers ou autres personnes qui sont dans le cas de rester en arrière, s'arrêtent du côté gauche, et ne passent sur la grande route, pour reprendre leurs places en avant, sous aucun prétexte, pendant que l'on marche.

23. Les voitures doivent toujours marcher à soixante pas les unes des autres; celle de LL. MM. à cent

pas devant et derrière. L'Écuyer les fait partir ensemble au relais, et les fait arrêter toutes les fois que celle de LL. MM. s'arrête ; ce qui a lieu (sauf le cas où elles en donnent elles - mêmes l'ordre) quand des Corps constitués et en costume viennent au-devant d'elles. On fait repartir aussitôt que LL. MM. en font le signe.

24. Lorsqu'il y a beaucoup de poussière, les voitures marchent à une plus grande distance les unes des autres ; l'escorte de S. M. marche derrière sa voiture, ainsi que tous les Courriers et Coureurs : il ne doit y avoir devant aucun homme à cheval.

25. L'Écuyer exige du silence de l'escorte, et lui-même donne les ordres et reprend les fautes sans bruit ; il reçoit les pétitions qui

sont présentées; il est très-circons-
pect pour les personnes qui appro-
chent de la voiture de LL. MM. et
met de la fermeté envers celles qui
voudraient le forcer, mais toujours
avec ménagement et sans rudoyer
qui que ce soit.

26. Il met promptement pied à
terre quand LL. MM. descendent
de voiture, pour leur donner le
bras, et pour les précéder jusque
dans leurs appartemens à leur arrivée, afin de recevoir leurs ordres.

27. Une heure avant le départ de
LL. MM., l'Écuyer de service fait
partir le premier Courrier à marcher,
qui, sans s'arrêter, fait préparer les
chevaux sur toute la route; il est
porteur des avis qui doivent être
adressés par écrit à l'Aide-de-camp
ou à l'Officier de la maison de LL.
MM. qui est en avant pour le loge-

ment ; celui-ci prévient les autorités civiles et militaires.

28. Le troisième Courrier à marcher, partant de chaque relais en même temps que les voitures, les précède jusqu'à celui suivant, pour s'assurer que tous les chevaux sont sur leurs traits. Ce Courrier est chargé de donner le bidet de rechange à l'Écuyer.

29. A l'avant-dernier relais on fait partir le deuxième Courrier à marcher, qui, sans s'arrêter, va annoncer la prochaine arrivée de LL. MM.

30. A l'arrivée des différens convois, l'Officier qui a été chargé de préparer le logement, indique à chacun celui qu'il doit avoir.

31. Le Piqueur attaché aux voitures, le Sous-inspecteur des postes et le Chef-courrier marchent avec

la voiture du grand Écuyer. Les autres Courriers accompagnent la dernière.

32. Les Maîtres de poste ou autres employés des postes marchent en avant ou en arrière de toutes les voitures, suivant les localités et les besoins du service.

33. L'Écuyer de service punit sévèrement ceux des Courriers qui n'exécutent pas ses ordres.

34. L'Écuyer qui doit être de service le jour du départ, prend, la veille au soir, les ordres du grand Écuyer sur l'heure fixée pour chaque service, et le transmet par écrit à l'Inspecteur général des postes, afin que le service se fasse avec régularité; il prévient en même temps MM. les Officiers civils et militaires de service de la Maison de LL. MM., qui en donnent avis aux chefs de

leurs départemens respectifs , et donnent des ordres pour que les employés sous leur autorité se trouvent exactement à l'heure indiquée pour le départ des différens convois. M. l'Aide-de-camp de service prévient le militaire, et M. le Chambellan de service, le civil, de l'heure du départ de LL. MM.

35. Les voitures de LL. MM. doivent toujours être attelées trois quarts d'heure avant l'heure indiquée pour le départ. M. l'Écuyer de jour s'assure , une demi-heure avant l'heure fixée pour le départ, que tout est prêt, et que les voitures sont rangées dans leur ordre de service.

36. Les vaches doivent toujours être chargées la veille au soir, et les nécessaires une heure avant celle indiquée pour le départ.

37. L'Écuyer donne aussi , la veille au soir , au chef des Coureurs, au chef des Courriers , au Sous-inspecteur des postes , et au Piqueur chargé des voitures, l'ordre pour le départ, avec les instructions qu'il croit devoir y ajouter. Elles doivent porter particulièrement sur le moyen d'éviter le bruit des chevaux de poste et voitures dans la rue où logent LL. MM. avant l'heure du départ ; sur les renseignemens à prendre pour la route que l'on doit faire le lendemain ; sur l'issue la plus courte pour sortir de la ville, &c.

38. Le chef des Courriers et le Sous-inspecteur des postes sont spécialement chargés de tout ce qui est relatif aux chevaux ; et le Piqueur, de tout ce qui est relatif aux voitures : ce dernier rend compte à l'Écuyer de service , une heure après l'arrivée,

de l'état des voitures et de l'arrivée des différens services ; il veille à ce qu'elles soient promptement et solidement réparées, et fait, toujours conjointement avec le Secrétaire des écuries, prix d'avance avec les ouvriers.

39. L'Écuyer doit veiller à ce que l'on attache sur le devant et dans l'intérieur de la voiture de LL. MM., une note portant désignation du nom des relais, et de la distance qu'elles ont à parcourir de l'un à l'autre dans la journée.

40. Il ne sera remis de vaches et nécessaires des voitures de voyage dans lesquelles on aura place, que sur un reçu signé de la personne à laquelle ces objets sont destinés. Ces reçus seront rendus au retour en les remettant.

TITRE XI.

Des Sermens.

ARTICLE I.er

LES sermens se prêtent dans le salon ou le cabinet de l'Empereur.

2. Il ne doit s'y trouver que le grand Dignitaire qui présente au serment les Fonctionnaires qui doivent le prêter entre les mains de S. M., le grand Chambellan qui les introduit, et le Secrétaire d'État dépositaire de l'acte.

3. Les grands Officiers de la Couronne et les Officiers civils de la maison de LL. MM., sont présentés au serment qu'ils doivent à l'Empereur, par l'Archi-Chancelier

de l'Empire, faisant les fonctions
de Chancelier de la Maison.

*Formule du Serment des grands Officiers de la
Couronne.*

« Je jure obéissance aux Consti-
» tutions de l'Empire et fidélité à
» l'Empereur, de servir loyalement
» et avec dévouement S. M. dans
» toutes les fonctions de la charge
» qu'il lui a plu de me confier,
» d'observer exactement les ordres
» qu'elle me donnera, et de veiller
» à ce que chacun des Officiers ou
» autres Employés sous mes ordres
» remplisse bien son devoir ; de
» pourvoir avec économie, et pour
» les intérêts de S. M., aux dé-
» penses qui me sont attribuées ;
» et s'il vient à ma connaissance
» quelque chose de préjudiciable
» à l'honneur, à la sûreté ou au

» service de S. M., de l'en avertir
» sur-le-champ. »

Formule du Serment des Officiers civils de sa Maison.

« Je jure obéissance aux Consti-
» tutions de l'Empire et fidélité à
» l'Empereur, de servir loyalement
» et avec dévouement S. M. dans
» toutes les fonctions de la charge
» qu'il lui a plu de me confier,
» d'observer et de faire observer
» les ordres qu'elle me donnera ;
» et s'il vient à ma connaissance
» quelque chose de préjudiciable
» à l'honneur, à la sûreté ou au
» service de S. M., de l'en avertir
» sur-le-champ. »

TITRE XII.

Deuils de Cour.

ARTICLE Ier

LES deuils de Cour sont portés
par l'Empereur, l'Impératrice, les
Princes et Princesses, les Ministres, tous les grands Officiers de
l'Empire, civils et militaires, et les
Officiers de la Maison de l'Empereur, de l'Impératrice, des Princes
et Princesses ; les Sénateurs, les
Conseillers d'état, les Législateurs
pendant leur session, le grand Procureur général et les Magistrats du
Parquet de la haute Cour impériale,
les Magistrats de la Cour de cassation, les Officiers de la garde impériale

périale et toutes les personnes présentées à LL. MM.

Le grand Maître des cérémonies prend les ordres de l'Empereur pour les deuils, les notifie aux personnes ci-dessus désignées, et en informe les membres du Corps diplomatique.

2. Les deuils de Cour se divisent en grand deuil et en deuil ordinaire.

3. Les grands deuils se portent pour l'Empereur, l'Impératrice, la mère de l'Empereur, le père et la mère de l'Impératrice, les oncles et tantes de LL. MM., le Prince impérial et les autres enfans de l'Empereur, les Princes frères ou beaux-frères de l'Empereur, les Princesses sœurs ou belles-sœurs de l'Empereur, et les autres Princes de la Famille impériale, tant dans la ligne ascendante que descendante.

Le deuil de l'Empereur est porté par tous les Officiers de l'armée, et les cravates des drapeaux, étendards et guidons, sont en noir.

Les deuils ordinaires se portent, pour les Princes du sang, pour les têtes couronnées, pour les Souverains qui ne sont pas couronnés, mais auxquels l'Empereur accorde le titre de *Frères*; pour les enfans des têtes couronnées; pour les enfans des Princes qui ne sont pas couronnés, mais qui jouissent du titre de *Frères*; pour les frères et sœurs des têtes couronnées, pour les frères et sœurs des Princes qui sont en possession du titre de *Frères*.

4. Les grands deuils se partagent en trois temps;

1.° La laine, 2.° la soie et les pierres noires, 3.° le petit deuil et les diamans.

Habillement des Hommes.

5. L'EMPEREUR porte le grand deuil en violet ; habit de drap boutonné tout du long , sans laisser voir la chemise ; les manches fermées jusqu'aux poings, et garnies de petites manchettes plates et cousues ;

Le collet garni d'un rabat de toile de Hollande ;

Les bas de laine violette ;

Les souliers de drap violet, avec les boucles d'acier tirant sur le violet ;

L'épée garnie d'acier de même couleur, avec le ceinturon de drap violet ;

Le chapeau noir , garni d'un crêpe violet ;

Les gants violets avec la garniture.

6. L'habillement des autres personnes, pour le grand deuil , est cheveux sans poudre , habit de drap noir, souliers bronzés, bas de laine noire ; l'épée noire , garnie d'un

A 2

crêpe ; boucles noires , cravate de batiste , pleureuses.

7. Le second temps du deuil , ou le deuil ordinaire , est , pour l'Empereur, habit, veste et culotte de drap violet, bas de soie violette , manchettes de mousseline d'effilé , boucles et épée d'argent , un ruban violet à l'épée ; et pour les autres personnes, habit de drap noir, bas de soie noire , boucles et épée d'argent, un ruban noir à l'épée.

8. Le troisième temps du dueil, ou le petit deuil, est, pour l'Empereur, ainsi que pour les autres personnes, habit noir de soie, épée et boucles d'argent, bas blancs de soie , nœud d'épée noir et blanc.

Habillement des Femmes.

9. *Premier temps,* ou grand deuil. Vêtement de laine noire : pen-

dant la première moitié de ce premier temps , coiffure et fichu de crêpe noir ; pendant la seconde moitié, coiffure et fichu de crêpe blanc garni d'effilé uni.

Deuxième temps, ou deuil ordinaire.

Vêtement de soie noire ; en hiver, le pou-de-soie ; en été, le taffetas de Tours ; les coiffures et garnitures en crêpe blanc garni d'effilé.

Troisième temps, ou petit deuil.

Le blanc uni, ou le noir et blanc.

10. Pendant le grand deuil , dans les grandes cérémonies , les hommes ajoutent à leur costume un manteau, un crêpe pendant au chapeau , et une cravate longue.

Le manteau de l'Empereur est en violet, celui des autres personnes est en étoffe de laine noire.

La longueur du manteau se règle suivant le rang de la personne.

La queue du manteau de l'Empereur est longue de cinq pieds ; celle du manteau du Prince impérial, de quatre pieds ; celle du manteau des Frères de l'Empereur, de trois pieds et demi ; celle du manteau des autres princes, de deux pieds.

Les manteaux des Ministres, des grands Officiers civils et militaires, et des Présidens des grands Corps de l'État, ne traînent que de trois à quatre doigts ; le manteau des autres personnes désignées dans l'article 2, descend jusqu'à la cheville.

11. Pendant le grand deuil et dans les grandes cérémonies, les femmes ajoutent à leur habillement une mante noire, dont la longueur est également réglée sur le rang de la personne qui la porte, et un petit voile de crêpe noir sur la tête.

12. Lorsque l'Empereur est en

grand deuil, s'il reçoit des révérences, il y admet toutes les personnes présentées. Dans cette cérémonie, les hommes portent le manteau et le crêpe; et les dames, la mante et le voile.

13. Dans les grands deuils, la chambre et l'antichambre de l'Empereur sont tendues en violet; les carreaux, les fauteuils et les tapis de la Chapelle, sont également en violet.

Les voitures de S. M. sont aussi drapées de la même couleur.

Les Princes de la Famille impériale et les Princes de l'Empire tendent leur antichambre en noir; leurs voitures sont drapées en noir.

Les Ministres, les grands Officiers civils et militaires, les Présidens du Sénat, du Conseil d'Etat, du Corps législatif, drapent leurs voitures en noir.

La livrée, tant de la Maison de l'Empereur que des autres personnes désignées ci-dessus, est habillée en noir.

Pendant le 2.ᵉ et le 3.ᵉ temps du deuil, ils portent des aiguillettes de la couleur de la livrée.

14. La durée des deuils est réglée comme il suit :

Grand Deuil.

Pour l'Empereur, trois mois.
Savoir : 1.ᵉʳ temps. . . . . 1 mois.
        2.ᵉ temps. . . . . 1 mois.
        3.ᵉ temps. . . . . 1 mois.
Pour l'Impératrice et la mère de l'Empereur, deux mois ;
Savoir : 1.ᵉʳ temps. . . . 1 mois.
        2.ᵉ temps. . . . 15 jours.
        3.ᵉ temps. . . . 15 jours.
Pour le Prince impérial, un mois ;
Savoir : 1.ᵉʳ temps. . . . 15 jours.

2.e temps.... 8 jours.

3.e temps.... 8 jours.

Pour les autres enfans de l'Empereur, un mois ;

Savoir : 1.er temps.... 15 jours.

2.e temps.... 8 jours.

3.e temps.... 8 jours.

Pour un frère ou une sœur, beau-frère ou belle-sœur de l'Empereur, un mois ;

Savoir : 1.er temps.... 15 jours.

2.e temps.... 8 jours.

3.e temps.... 8 jours.

Pour un autre Prince de la Famille impériale, tant de la ligne ascendante que descendante, vingt-un jours ;

Savoir : 1.er temps..... 7 jours.

2.e temps..... 7 jours.

3.e temps..... 7 jours.

Deuils ordinaires.

15. Pour les Princes du sang, dix jours.

Savoir : 1.er temps . . . . . 5 jours.

2.e temps . . . . . 5 jours.

Pour les têtes couronnées ayant un degré de parenté avec S. M., un mois ;

Savoir : 1.er temps . . . . 15 jours.

2.e temps . . . . 15 jours.

Pour les têtes couronnées n'ayant aucun degré de parenté avec S. M., vingt-un jours ;

Savoir : 1.er temps . . . . . 11 jours.

2.e temps . . . . 10 jours.

Pour les enfans des têtes couronnées et les Princes héréditaires, neuf jours ;

Savoir : 1.er temps . . . . . 5 jours.

2.e temps . . . . . 4 jours.

Pour les enfans des princes qui ne sont pas couronnés, mais auxquels l'Empereur accorde le titre de *Frères*, quatre jours;

Savoir : 1.er temps . . . . . 2 jours.

2.e temps . . . . . 2 jours.

Pour les frères et sœurs des têtes coúronnées, quatre jours;

Savoir : 1.er temps . . . . . 2 jours.

2.e temps . . . . . 2 jours.

Pour les frères et sœurs des Prin-ces qui sont en possession du titre de *Frères*, trois jours;

Savoir : 1.er temps . . . . . 1 jour.

2.e temps . . . . . 2 jours.

16. L'usage en France étant qu'un père et une mère ne portent pas le deuil de leurs enfans, si un fils ou petit-fils de l'Empereur vient à mourir, S. M. ne prend pas le deuil; mais toutes les autres per-sonnes le portent, conformément au genre et à la durée déterminés par le réglement.

17. Les étrangers voyageant en France pourront porter le deuil de leur Souverain et de leurs Princes tel qu'il est réglé par leur Cour.

18. On ne porte pas le deuil des enfans qui n'ont pas atteint l'âge de dix-huit ans.

Les militaires et toutes les personnes qui ont des uniformes ou des costumes, portent le deuil avec un crêpe au bras, au chapeau et à l'épée.

Les Ecclésiastiques portent le rabat blanc et le crêpe au chapeau.

Hors le temps où la Cour est en grand deuil, personne ne pourra s'y présenter en grand deuil, sans en avoir obtenu la permission de S. M.

Lorsque la Cour est en deuil, aucune personne, même celles qui demandent audience et qui ne sont pas présentées, ne peut y paraître sans être en deuil.

TITRE

TITRE XIII.

Cérémonial pour la réception des Ambassadeurs, des Ambassadrices et Ministres étrangers.

Dès qu'un Ambassadeur est arrivé, il doit en informer le Ministre des relations extérieures, et lui demander son jour et son heure pour le visiter et lui donner copie de ses lettres de créance : le Ministre ira lui rendre sa visite.

Lorsque le Ministre a reçu cette visite, et a pris les ordres de l'Empereur, il en instruit le grand Maître des cérémonies, et l'avertit que S. M. est dans l'intention de recevoir l'Ambassadeur.

Le grand Maître, après avoir pris

les ordres de l'Empereur, en informe l'Archi-Chancelier d'état ; il fait ensuite prévenir l'Ambassadeur, par un Maître ou un Aide des cérémonies, qu'il ira le voir et lui donner connaissance du jour de son audience, et du cérémonial qui doit y être observé. Lorsqu'il fait cette visite, l'Ambassadeur va au-devant de lui, hors de son cabinet, et lui donne la droite.

L'Ambassadeur lui rend sa visite, et est reçu de la même manière et avec les mêmes honneurs.

L'Ambassadeur va ensuite visiter le Prince Archi-Chancelier d'état, après avoir demandé son heure ; l'Archi-Chancelier lui rend sa visite.

Le jour fixé pour l'audience, un Maître et un Aide des cérémonies vont, avec trois voitures de la Cour, chercher l'Ambassadeur pour le conduire au palais dans la salle des Ambassadeurs.

Dans la première voiture se place l'Aide des cérémonies, Secrétaire à l'introduction des Ambassadeurs;

Dans la seconde, l'Ambassadeur, au fond de la voiture; et sur le devant, le Maître des cérémonies introducteur des Ambassadeurs;

Dans la troisième, les Officiers de la suite de l'Ambassadeur.

Le grand Maître, à l'heure fixée pour l'audience, va chercher l'Ambassadeur; il se place à sa droite, le Maître des cérémonies à sa gauche, l'Aide des cérémonies en avant, précédé par les Huissiers.

La garde prend les armes et borde la haie; le Colonel général de la garde reçoit, à la porte de la salle des Gardes, l'Ambassadeur, et lui est présenté par le grand Maître; ils partagent tous deux la droite de l'Ambassadeur.

On ouvre les deux battans de toutes les portes.

L'Empereur se tient dans son cabinet, ayant derrière lui les Princes qu'il désigne, et à quelque distance, à droite et en arrière de S. M., l'Archi - Chancelier d'état, le grand Chambellan et le Ministre des relations extérieures.

Le grand Maître, après avoir annoncé à S. M. que l'Ambassadeur est à la porte de son cabinet, va chercher l'Ambassadeur pour l'y introduire, et entre avec lui et avec le Colonel général ; le grand Chambellan vient au-devant de lui, le Maître et l'Aide des cérémonies restent en dehors à la porte du cabinet.

L'Ambassadeur, en entrant, fait

trois révérences à S. M., l'Archi-Chancelier d'état le présente.

L'Ambassadeur prononce son discours, et présente ses lettres de créance à S. M., qui les remet au Ministre.

Lorsque l'Empereur congédie l'Ambassadeur, celui-ci se retire sans se retourner, et il est reconduit avec les mêmes formalités qu'à son arrivée.

Le grand Maître prévient le Chambellan, introducteur des Ambassadeurs près S. M. l'Impératrice, de l'arrivée de l'Ambassadeur, et de l'audience qui lui a été accordée par l'Empereur.

Le Chambellan en informe la Dame d'honneur, qui prend les ordres de l'Impératrice : ces ordres sont communiqués à l'Ambassadeur par le Chambellan introducteur, qui va le visiter, et qui l'accompagne lorsqu'il vient chez S. M.

L'Ambassadeur, avant son audience, rend visite à la Dame d'honneur.

Le jour fixé, un Chambellan le reçoit au bas de l'escalier, le Chevalier d'honneur, dans la pièce qui précède le cabinet où se tient l'Impératrice : la Dame d'honneur va au-devant de lui et le présente à S. M., et il observe à cette audience, pour entrer, sortir et saluer, les mêmes formalités qu'à l'audience de l'Empereur.

Le même jour où l'Ambassadeur a eu son audience de l'Empereur, il va visiter leurs AA. SS. les Princes grands Dignitaires de l'Empire ; ils vont au-devant de lui hors la porte de leur cabinet, et lui donnent la droite ; ils lui rendent après leur visite, et sont pareillement reçus par lui.

Le grand Maître fait prévenir, par un Maître des cérémonies, les Dames d'honneur et les premiers Chambellans des Princesses et des Princes de la Famille impériale, que l'Ambassadeur a eu son audience de l'Empereur. Les premiers Chambellans et les Dames d'honneur prennent les ordres des Princes et Princesses, et informent l'Ambassadeur du jour et de l'heure auxquels ils le recevront : un Chambellan le visite.

Le jour fixé, les Officiers des Princes et des Princesses le reçoivent au bas de l'escalier ; la Dame d'honneur et le premier Chambellan, dans la pièce qui précède le cabinet.

Le premier Chambellan chez les

Princes, la Dame d'honneur chez les Princesses, le présentent; l'Ambassadeur en sortant est reconduit comme à son arrivée.

Dans les huit jours qui suivent celui où l'Ambassadeur a eu audience de S. M., il fait prévenir, par des billets imprimés, qu'ayant eu son audience de l'Empereur, il recevra, pendant trois jours qu'il désignera, et aux heures indiquées, les Ministres, les grands Officiers de l'Empire, les Officiers des maisons de LL. MM., et ceux des Princes et Princesses de la Famille impériale : un Maître des cérémonies sera chargé de distribuer ces billets.

L'Ambassadeur rendra visite aux personnes qu'il aura reçues ; il ira rendre visite aux Dames : la liste des visites qu'il doit rendre lui sera remise par le Maître des cérémonies.

Lorsqu'une Ambassadrice arrivera, le Ministre des relations extérieures ainsi que le grand Maître des cérémonies iront lui rendre visite. L'Ambassadrice ira rendre visite à la femme du Ministre des relations extérieures et à la Dame d'honneur de l'Impératrice.

Le grand Maître prendra les ordres de l'Empereur pour le jour et l'heure de l'audience.

Le grand Maître fera connaître à l'Ambassadrice la Dame désignée pour l'accompagner : la Dame désignée ira voir l'Ambassadrice.

Le jour indiqué pour l'audience, la Dame désignée ira chercher l'Ambassadrice avec un Maître, un Aide des cérémonies et trois voitures de la Cour : dans la première voiture seront placés le Maître et l'Aide des cérémonies ; dans la seconde , l'Ambassadrice, ayant à sa gauche la Dame désignée pour l'accompagner ; dans la troisième, les Officiers de l'ambassade.

Arrivée dans le salon, le grand Maître viendra la chercher et l'introduira dans le cabinet de l'Empereur ; le grand Chambellan viendra au-devant d'elle : elle fera, en entrant, trois révérences. La Dame qui l'accompagne la présentera à S. M. : après cette audience elle se retirera en faisant trois révérences, et sera reconduite comme à son arrivée.

Le grand Maître ayant informé de cette audience le Chambellan introducteur de S. M. l'Impératrice, la Dame d'honneur prendra les ordres de S. M., les fera connaître par le Chambellan introducteur à l'Ambassadrice et à la Dame qui doit l'accompagner, et elle sera reçue chez l'Impératrice, et présentée comme il a été dit pour la réception de l'Ambassadeur.

L'Ambassadrice se fera présenter, ainsi que l'Ambassadeur, aux Princes et Princesses de la famille impériale, qui en seront avertis et qui lui donneront leur jour, ainsi qu'il a été dit pour l'Ambassadeur : elle visitera les grands Dignitaires, qui lui rendront leur visite.

Ces formes remplies, elle fera publier, de même que l'Ambassadeur, qu'elle recevra, pendant trois jours désignés et aux heures indiquées, les Ministres, les grands Officiers de l'Empire, les Officiers de la maison de LL. MM., ceux des Princes et Princesses, et leurs femmes, ainsi que les Dames du palais de S. M. et celles des Princesses.

La Dame désignée pour l'accompagner se tiendra près d'elle pendant les trois jours précités, et lui présentera les personnes qui viendront la visiter; après ces trois jours, l'Ambassadrice rendra visite aux Dames qu'elle aura reçues, en commençant par la Dame désignée pour l'accompagner.

Les Ministres plénipotentiaires et les Envoyés, après avoir visité le Ministre des relations extérieures, rendront visite au grand Maître des cérémonies.

Celui-ci, dès qu'il aura été informé par le Ministre que S. M. est dans l'intention de donner audience, prendra les ordres pour le jour et l'heure; il rendra visite ensuite au Ministre ou Envoyé, et lui donnera connaissance des intentions de S. M.

Le jour indiqué, le Ministre ou Envoyé

Envoyé, après avoir rendu visite à l'Archi-Chancelier d'état, dont il aura pris l'heure, se rendra au palais, dans le salon des Ambassadeurs : il sera conduit par un Maître des cérémonies dans les appartemens de l'Empereur, et sera introduit dans le cabinet par le grand Maître.

Sa présentation pourra aussi avoir lieu au lever de S. M., suivant les formes réglées pour les présentations.

Le Chambellan introducteur de S. M. l'Impératrice fera connaître au Ministre ou Envoyé les ordres que la Dame d'honneur aura reçus pour le jour de sa réception.

Le jour fixé, il sera reçu dans les appartemens de l'Impératrice par le même Chambellan, qui l'introduira, et il sera présenté par la Dame d'honneur.

C c

Un Chambellan des Princes et Princesses de la famille impériale lui fera pareillement connaître le jour et l'heure où ils le recevront, d'après l'information donnée par le grand Maître, que l'audience de l'Empereur a eu lieu; il sera reçu, introduit et présenté par le premier Chambellan chez les Princes, introduit par un Chambellan et présenté par la Dame d'honneur chez les Princesses.

Il ira visiter les grands Dignitaires, après avoir pris leur jour.

Un Maître des cérémonies lui donnera la liste des Ministres, des grands Officiers de l'Empire, des Officiers et Dames de la maison de LL. MM. et de celles des Princes et Princesses de la famille impériale, et il leur rendra visite.

FIN.

TABLE

De l'Étiquette du Palais impérial.

FIN DE LA TABLE.

IMPRIMÉ

Par les soins de J. J. MARCEL, Directeur général de l'Imprimerie impériale, Membre de la Légion d'honneur.